日経文庫ビジュアル

仕事が10倍速くなる
エクセル
ワザ事典

日経 PC21 [編]

日本経済新聞出版

●本書に掲載している内容は2025年2月中旬時点のもので、OSやアプリ、サービスなどのアップデートにより、名称、機能、操作方法などが変わる可能性があります。

まえがき

　表計算ソフト「Excel（エクセル）」は、毎日の仕事に欠かせないビジネスアプリです。表の作成はもちろん、数値の計算やデータの整理、分析、グラフ化、印刷などまで、さまざまな用途に威力を発揮します。

　仕事をテキパキと効率良く進めたいなら、Excelの機能や操作を覚えて、上手に使いこなせるようになることが一番の近道です。「仕事が速い人」の働き方を見てみると、目にも留まらぬ速さでExcelをフル活用していることに気付くでしょう。

　そこで本書では、ビジネスの現場で必要になるExcelの便利機能や実用ワザを厳選して、コンパクトな1冊にまとめました。すべてのテクニックを覚える必要はありません。身近に常備して、「こんなことはできないか？」「これをするにはどうればいいだろう？」と迷ったときに参照してください。無理だと諦めていたことや、手間や時間がかかると尻込みしていたことが、あっという間に解決できるはずです。

　市販No.1のパソコン雑誌「日経PC21」が、25年以上にわたり解説してきたExcelの実務スキルの数々。皆さんの業務効率化、仕事の質の向上にぜひお役立てください。

日経PC21編集長　田村 規雄

仕事が10倍速くなるエクセルワザ事典

目　次

第1章 **入力・表示** ⋯⋯⋯⋯⋯⋯⋯⋯⋯⋯⋯ 9

01 右方向へ効率良く移動　行単位で素早く入力 ⋯⋯ 10

02 セルの入力を確定した後　同じセルにとどまる ⋯⋯ 12

03 同じデータの繰り返しは自動入力で効率化 ⋯⋯⋯ 14

04 1月、2月、3月…などの連続データを手早く入力 ⋯ 16

05 1、2、3…のように連続する数値を自動入力 ⋯⋯⋯ 18

06 「100ずつ増える」「1ずつ減る」数値を入力 ⋯⋯⋯ 20

07 今日の日付や現在時刻を一発で入力 ⋯⋯⋯⋯⋯ 22

08 和暦の日付を最小の手間で入力する ⋯⋯⋯⋯⋯ 24

09 日付の曜日を漢字1文字で自動表示 ⋯⋯⋯⋯⋯ *27*

10 「cm」や「円」などの単位を自動表示する ⋯⋯⋯⋯ 30

11 「0001」が「1」に変化!?　入れた通りに表示させる ⋯ 34

12 入力用の「リスト」を表示　マウスで選択可能にする ⋯ 36

第2章 **表の編集** ⋯⋯⋯⋯⋯⋯⋯⋯⋯⋯⋯⋯ 39

13 表を素早く選択して移動やコピーをする ⋯⋯⋯⋯ 40

14 表内の行や列の順番を入れ替える ⋯⋯⋯⋯⋯⋯ 42

15 表の"縦横変換"も一発!　イチから作り直す必要なし ⋯ 44

16 表の一番下まで瞬時に移動する ⋯⋯⋯⋯⋯⋯⋯ 46

17 表の行全体、列全体を素早く選択する ……………… 48

18 表の書式を崩さずに値のみを貼り付ける ………… 50

19 セルの書式だけをコピーして使い回す ………… 52

20 離れたセルを同時に選択 書式をまとめて設定する ……… 54

21 列の幅を均等に調整 離れた列でもOK ……… 56

22 タイトル行を除外して列幅を自動調整する ………… 58

23 1行置きに空白行を挿入する ……………… 60

24 空欄に自動で色付け 入力すると色が消える ……… 62

25 空欄をまとめて選択し、「未記入」と一括入力 …… 64

第3章 **計算&集計** ………………………… 67

26 数式の基本を確認 セルを参照して計算 ………… 68

27 相対参照と絶対参照の違いを理解してコピー ……… 70

28 「行×列」の計算を一気にこなす複合参照 ………… 72

29 別シートのセルを参照して計算する ………… 74

30 基本関数の「SUM」でセル範囲を一発合計 ……… 76

31 関数で平均値を計算 最大値や最小値も一発 ……… 78

32 合計、平均、最大値などは選択するだけで集計可能 ……… 80

33 項目別の集計はピボットテーブルで一発 ………… 82

34 ピボットテーブルならクロス集計も簡単 ································ 84

35 参加／不参加の出欠表をワンタッチで集計 ················ 88

36 名簿の「年齢」欄を基に年代別の人数を調べる ··········· 90

37 合計、平均、件数… 集計方法の変更も簡単 ············ 93

38 COUNT系の関数でデータの個数を数える ············ 96

39 地域別の人数など条件に合うデータを数える ··········· 98

40 条件に合うデータを合計 担当者別の集計も一発 ······· 101

41 数値の端数を四捨五入 切り上げや切り捨ても ········· 104

42 「12の倍数」などへ換算 任意の単位で端数処理 ········· 106

43 生年月日から年齢を計算 「○年○カ月」の表示も ········· 108

第4章 データの整理 ································ 111

44 データ整理の基本 「並べ替え」を賢く使う ··········· 112

45 「左から大きい順」もOK 列単位で横方向に並べ替え ······· 115

46 「フィルター」機能で手早くデータを絞り込む ··········· 117

47 同姓同名を除外して名簿の「重複データ」を削除 ········· 122

48 「重複データ」に色を付けて一覧表示する ··········· 124

49 漢字に「ふりがな」を表示 間違った読みは正しく修正 ········· 126

50 漢字の「ふりがな」を「ひらがな」で表示する ··········· 128

51 漢字の「ふりがな」を隣のセルに自動表示 ·················· 130

52 「ふりがな」のないセルにふりがな情報を一括設定 ············ 132

53 全角文字を半角に変換　大文字／小文字も自由自在 ········ 134

54 名前の姓と名を分割する　区切りがあれば全自動 ··········· 137

55 複数の列への分割は「区切り位置」機能が便利 ·············· 140

56 8桁の数字の日付を「日付データ」に変換 ·················· 142

57 住所を「都道府県」と「市区町村以下」に分割 ··············· 144

58 複数の文字列を連結　区切り文字の自動挿入も ············ 146

59 「セル内の改行」を削除　別の列に分割も可能 ·············· 148

60 IF関数で条件分岐し、数値の大きさを判定する ·············· 151

61 順位付けも関数で一発　昇順／降順も指定できる ············ 154

62 上位3位まで自動で色付け　行全体に色を塗るワザも ········ 156

第5章　グラフ ···················· 159

63 棒グラフを作成して具体的な数値も表示する ·············· 160

64 注目してほしい部分は色を変えて強調する ··············· 162

65 数値軸の目盛りを調整　表示も「千単位」に ·············· 164

66 横棒グラフの順番を元の表と同じにする ················· 166

67 表にある日付だけをグラフ化するには？ ················· 168

68 円グラフで比率を表現　パーセンテージも表示 ……… 170

69 2つのグラフのサイズとデザインを統一 ……… 172

70 年齢の分布を視覚化する「ヒストグラム」を作成 ……… 174

第6章　ファイル操作 ……… 177

71 Excel起動時の「スタート画面」を非表示に ……… 178

72 標準の保存先を「OneDrive」以外にする ……… 180

73 「名前を付けて保存」のダイアログを一発で開く ……… 182

74 変更前のブックを復元　うっかりミスをしても安心 ……… 184

75 シートの切り替えを素早く　一覧から選択も可能 ……… 186

76 同じブックの別シートを同時に並べて表示する ……… 188

77 複数のシートをまとめて印刷／PDF化する ……… 190

78 異なるシートにある表を1枚に印刷／PDF化 ……… 192

索引 ……… 195

実用ショートカットキー一覧 ……… 198

入力・表示

1

右方向へ効率良く移動
行単位で素早く入力

セルに数値や文字列を入力したら、「Enter」キーを押して確定するのが一般的でしょう。しかし、行単位で右へ右へとデータを入力する場合は、「Tab」キーを使うほうが効率的です。

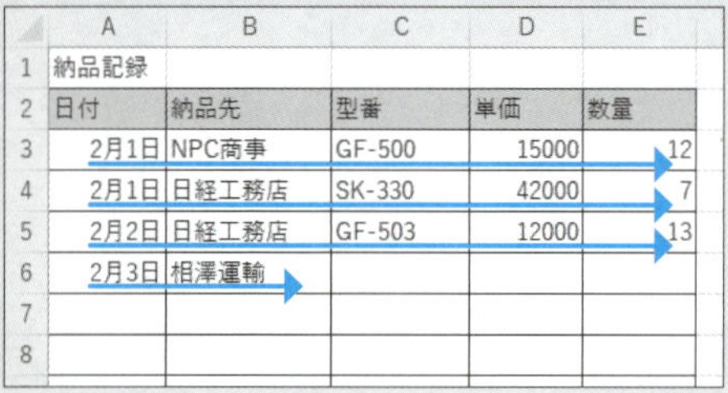

図1 表にデータを入力する場合、行単位で右方向に入力することが多い。そのようなデータ入力を効率良く進めるための基本ワザを身に付けよう

Excelで表を作成するとき、行単位でデータを入力する機会は少なくありません（図1）。このような表に入力する際に、セルの移動が面倒だと感じたことはありませんか。というのも、セルにデータを入力して「Enter」キーで確定すると、緑色の枠で囲まれた"選択セル"は、1つ下に移動します（図2）。そのため、図1のように行単位でデータを入れたいときは、いちいちセルを選び直さなければなりません。

そこで利用したいのが「Tab」キーです。セルの入力後に「Tab」キーを押すと、セルの内容が確定されると同時に、1つ右のセルに選択セルが移動します（図3）。さらに、「Tab」キーを使って確定しながら表の右端まで移動して、最後のセルを「Enter」キーで確定すると、次の行の先頭に一発で移動することができます（図4）。2つのキーを使い分けることで、入力の効率が格段に上がります。

10 第1章 入力・表示

「Tab」キーで確定すると、右のセルへと移動できる

図2 セルに入力したデータを確定するとき、通常は「Enter」キーを押す（①）。すると、1つ下のセルに選択セルが移る（②）

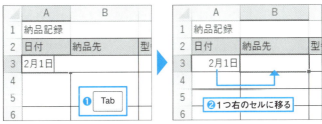

図3 右方向へデータを入れていきたいときは、「Enter」キーではなく、「Tab」キーを押すとよい（①）。すると、セルが確定されると同時に1つ右のセルに移動できる（②）

「Tab」で移動した後、「Enter」キーで次行の先頭へ

図4「Tab」キーで確定しながら右へ右へとデータを入力していき、表の右端まで行ったら、最後は「Enter」キーで確定する。すると、次の行の先頭（「Tab」キーを押し始めた列）に選択セルが移る。これで、すぐに次行の入力を始められる

2 セルの入力を確定した後 同じセルにとどまる

> セルにデータや数式を入力した後、続けてそのセルに書式を設定するような場面がよくあります。このようなときに活用したいのが、「Ctrl」+「Enter」キーで確定するテクニックです。

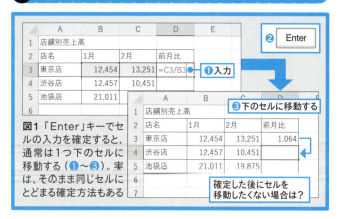

図1「Enter」キーでセルの入力を確定すると、通常は1つ下のセルに移動する（❶〜❸）。実は、そのまま同じセルにとどまる確定方法もある

比率を計算する数式をセルに入力した後、そのセルに「パーセントスタイル」の書式を設定することがよくあります。ところが、数式を「Enter」キーで確定すると、選択セルが1つ下のセルに移ってしまうので、いちいち元のセルを選択し直す必要が生じて面倒です（図1）。こんな場面で活用したいのが、「Ctrl」キーを押しながら「Enter」キーを押すテクニック。「Ctrl」+「Enter」キーで入力を確定すると、確定後も同じセルを選択したままの状態にできます（図2）。

ちなみに、複数のセルを選択した状態でデータを入力し、「Ctrl」+「Enter」キーを押すと、選択範囲すべてに一括入力できます（図3）。このワザも覚えておくと便利です。

「Ctrl」+「Enter」キーなら、セルの選択はそのまま

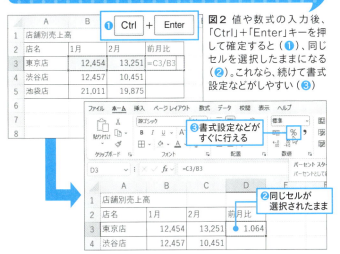

図2 値や数式の入力後、「Ctrl」+「Enter」キーを押して確定すると（❶）、同じセルを選択したままになる（❷）。これなら、続けて書式設定などがしやすい（❸）

「Ctrl」+「Enter」キーで、選択範囲に一括入力

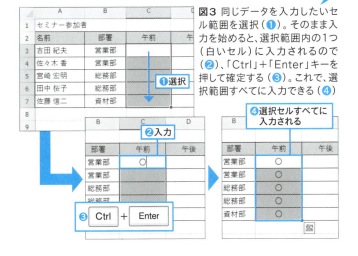

図3 同じデータを入力したいセル範囲を選択（❶）。そのまま入力を始めると、選択範囲内の1つ（白いセル）に入力されるので（❷）、「Ctrl」+「Enter」キーを押して確定する（❸）。これで、選択範囲すべてに入力できる（❹）

3 同じデータの繰り返しは 自動入力で効率化

> 住所録の「都道府県」列のように、決まった文字列を繰り返し入力するケースは少なくありません。同じ列に入力済みのデータなら、いちいちキーボードから手入力しなくても自動入力できます。

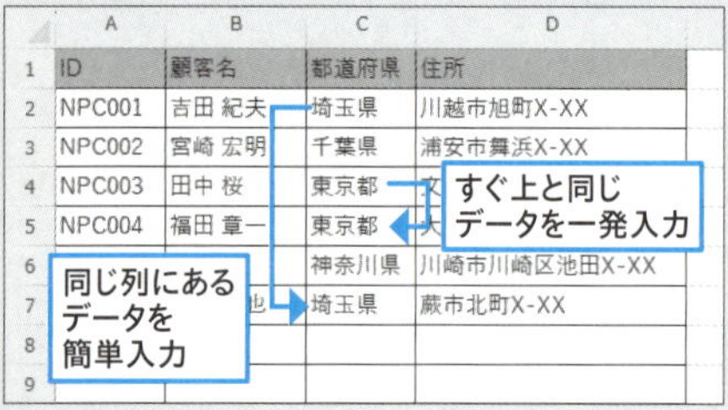

図1 「都道府県」列や「性別」列のように、列に入力するデータがある程度決まっている場合は、すでに入力済みのデータを基に簡単に自動入力する方法がある

例えば顧客住所録の表にデータを入力する場合、「都道府県」列には「埼玉県」「東京都」などと都道府県名のいずれかを入れることになります（図1）。このとき、上方のセルに同じデータを入力済みの場合は、それを「コピー」して「貼り付け」するのが簡単だと考えるでしょう。しかし、対象のセルをマウスで選択してコピーし、再び入力セルまで戻って貼り付ける操作は、それほど効率が良いとはいえません。

すぐ上のセルに入力済みのデータを再び入力したい場合は、「Ctrl」キーを押しながら「D」キーを押すワザが最速です（図2）。すぐ上のセルをコピーするショートカットキーで、一瞬で同じデータを自動入力できます。もっと上のほうに入力済みのデータを再び入力したいときは、「Alt」キーを押しながら「↓」キーを押します（図3）。すると、入力済みのデータがリスト表示され、そこから選択して入力できます。

14　第1章　入力・表示

すぐ上のセルを、下方向にコピーする

図2 セルを選択した状態で（❶）、「Ctrl」キーを押しながら「D」キーを押すと（❷）、すぐ上のセルのデータを一発でコピーできる（❸）。下方向にコピーするので「Down」の「D」と覚えよう

同じ列にある文字列は「リスト」から選択できる

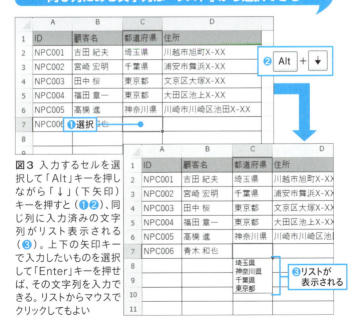

図3 入力するセルを選択して「Alt」キーを押しながら「↓」（下矢印）キーを押すと（❶❷）、同じ列に入力済みの文字列がリスト表示される（❸）。上下の矢印キーで入力したいものを選択して「Enter」キーを押せば、その文字列を入力できる。リストからマウスでクリックしてもよい

4

1月、2月、3月…などの連続データを手早く入力

Excelには、月名などの連続するデータを自動入力する機能があります。それが「オートフィル」です。マウスのドラッグ操作で手早く入力できるので、使い方をマスターしておきましょう。

	A	B	C	D	E
1	店舗別売上				
2	店名	1月	2月	3月	4月
3	渋谷店	12,457	10,451	13,254	14,254
4	原宿店	5,854	6,541	7,451	6,651
5	新宿店	9,854	12,145	11,424	10,451
6					
7		連続した月名を手早く入力したい			

図1「1月、2月、3月…」「第1回、第2回、第3回…」などと、連続した数字が続くデータを入力する機会は多い。1つずつ手入力しなくても、手早く自動入力する方法がある

売上実績表を作るときなど、「1月、2月、3月…」のように連続した月名を入力することがよくあります（**図1**）。このような連続データを効率良く入力できる機能が「オートフィル」です。先頭に当たるデータを「1月」などと入力して、そのセルを選択。セルの右下隅にある小さな四角（ハンドル）を、入力したい方向へドラッグするだけです（**図2**）。

「第1回、第2回、第3回…」「Q1、Q2、Q3…」など、さまざまな連続データを入力きます。ポイントは、文字列と数字が組み合わさったデータであること。数字を含まないデータで同じ操作をすると、単なる「コピー」になります。

なお、固有名詞など、コピーしたときに数字部分が増えては困る場合は、オートフィル後に表示されるボタンをクリックし、「セルのコピー」を選びます（**図3**）。または「Ctrl」キーを押しながらドラッグする方法でもOKです（**図4**）。

ドラッグ操作で連続データを「オートフィル」

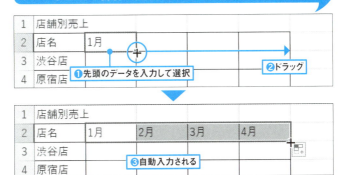

図2 まず先頭のセルに「1月」と入力（❶）。このセルを選択し、右下隅にある小さな四角のハンドルを、続けて入力したい方向にドラッグする（❷）。すると数字部分が1ずつ増える形で自動入力される（❸）。これを「オートフィル」と呼ぶ

数字部分を固定してオートフィルする2つの方法

図3「日経PC21」という雑誌名を入力したセルをオートフィルしたところ、数字部分が「22」「23」と増えてしまった。同じ数字のまま自動入力したければ、オートフィルした直後に表示されるボタン（スマートタグ）をクリックして（❶）、メニューから「セルのコピー」を選ぼう（❷）。すると元のデータをそのままコピーした状態に変わる

図4 図3のように後からメニューで変更するのが面倒なら、「Ctrl」キーを押しながらハンドルをドラッグしてオートフィルすればよい。すると、初めから数字部分は増えず、単純なコピーになる

5

1、2、3…のように連続する数値を自動入力

連続データを自動入力できる「オートフィル」。便利な機能ですが、「文字列＋数値」の場合と「数値」のみの場合とで挙動が異なる点に注意が必要です。違いを正しく理解して使い分けましょう。

	A	B	C	D	E
1	No.	名前	生年月日	年齢	
2	1	吉本 大地	1969/4/23	52	
3	2	野村 俊樹	1960/8/7	61	
4	3	岡田 健	数値のみの番号を手早く入力したい	58	
5	4	田村 万夫	1956/7/20	66	
6	5	堀江 宏司	1964/4/7	57	
7	6	高田 慶造	1981/9/28	40	

図1「1、2、3…」のように数値を連続して入力したい。これも前項で紹介した「オートフィル」機能でできそうだが、数値の場合は挙動が異なるので注意が必要だ

　名簿や明細表の各行に連番を振るとき、「オートフィル」機能を使えば簡単にできそうです（**図1**）。ところが、先頭のセルに「1」と入力して右下隅のハンドルをドラッグしても、そのままでは「1」がコピーされるだけで、連番にはなりません（**図2**）。実は、オートフィルの結果が連続データになるのは、「文字列と数値が組み合わさったデータ」のみ。ただの文字列や数値は通常、「セルのコピー」になります。

　「1、2、3…」のような「数値」だけの連続データを作るには、図2のように操作した後、右下のボタン（スマートタグ）をクリックして「連続データ」を選ぶ必要があります（**図3**）。または、ハンドルを「Ctrl」キーを押しながらドラッグすることで、初めから数値の連続データを作成できます（**図4**）。

　このように「数値」と「文字列＋数値」とでは、オートフィルの挙動が異なるので注意してください。

第1章　入力・表示

数値はドラッグしても連番にならない

図2「1」と入力したセルを選択して、右下隅にあるハンドルをドラッグしても（❶）、同じ「1」がコピーされるだけで、連番にはならない（❷）。オートフィルの挙動は、単なる「数値」の場合と「文字列＋数値」の場合とで異なる

数値を連続データにする2つの方法

図3 図2のように操作した後で、右下に表示されるボタンをクリックし（❶）、「連続データ」を選べば（❷）、1、2、3…という連番に変わる

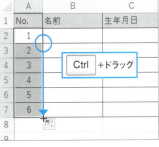

図4 数値の場合、「Ctrl」キーを押しながらハンドルをドラッグすると、連続データを自動入力できる。前項で見た「文字列＋数値」の場合と、通常の動作と「Ctrl」キーを併用したときの動作が反対になる

19

6

「100ずつ増える」
「1ずつ減る」数値を入力

オートフィル機能は、「1ずつ増える」データを自動入力できるだけではありません。「100ずつ増える」などと増分を指定したり、「1ずつ減る」ような連続データの作成も可能です。

	A	B	C
1	価格表		
2	枚数	価格	
3	100	¥500	
4	200	¥950	
5	300		
6	400	¥1,500	
7	500	¥1,800	

（100ずつ増える数値を入力したい）

	A	B	C
1	販売実績		
2	年	実績	
3	2021年	546,374	
4	2020年		
5	2019年		
6	2018年		
7	2017年	355,018	

（1ずつ減っていく連続データを入力したい）

図1 オートフィル機能を使うと、「100、200、300…」のように100ずつ増える数値を自動入力したり（左）、「2021年、2020年、2019年…」のように1ずつ減る連続データを作成したりもできる（右）。増減の幅は自由に指定可能だ

　オートフィル機能を使うと、一定の間隔で連続するデータも自動入力できます。それには、先頭の2つのセルに具体的な数値を入力して、数値と数値の間隔を指定します。100、200、300…のように自動入力したいなら、先頭の2セルに「100」「200」と手入力します。次にこの2セルを範囲選択して、その右下隅のハンドルをドラッグします。すると、2セルの数値をExcelが認識し、同じ間隔を維持するように、続く連続データを作成してくれます（**図2**）。同様に、数値が一定間隔で減少する連続データも作成可能です（**図3**）。

　この「2セルを選択してオートフィル」のワザは、「文字列」の繰り返し入力にも活用できます（**図4**）。

第1章　入力・表示

先頭の2セルに入力し、その2セルをドラッグ

図2 オートフィルで増分を指定するには、まず先頭の2つのセルに必要なデータを入力(❶)。この2セルを範囲選択したうえで(❷)、右下隅のハンドルをドラッグする(❸)。すると、2セルの値の間隔と同じになるように、続くデータが自動入力される(❹)

減少する連続データも自動入力できる

図3 先頭の2セルに、減少する形で数値を入力した場合、その間隔を維持するように減少する連続データを自動入力できる(❶〜❸)

「文字列」の場合は、同じ並びの繰り返しに

図4 数値を含まない「文字列」の場合は、2セル分を範囲選択してオートフィルを実行すると、その2セルが交互にコピーされる(❶❷)。3セル以上を選択した場合も同様に繰り返される

7

今日の日付や現在時刻を一発で入力

> 書類の作成日や作成時刻など、「今日の日付」や「現在の時刻」を入力する機会は少なくありません。そこでExcelには、これらを自動入力するためのショートカットキーが用意されています。

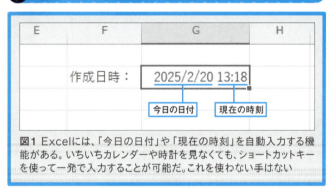

図1 Excelには、「今日の日付」や「現在の時刻」を自動入力する機能がある。いちいちカレンダーや時計を見なくても、ショートカットキーを使って一発で入力することが可能だ。これを使わない手はない

　請求書の発行日として「今日の日付」を入力するとき、「今日は何日？」とカレンダーを確認していませんか。また出勤簿に出勤あるいは退勤の時刻を入力するとき、いちいち時計を見て手入力していないでしょうか（図1）。

　実はExcelには、今日の日付や現在の時刻を自動入力する機能があります。「Ctrl」キーを押しながら「；」（セミコロン）キーを押せば今日の日付、「Ctrl」キーを押しながら「：」（コロン）キーを押せば現在の時刻を瞬時に入力できます（図2、図3）。時刻は時と分を区切る記号である「：」、日付はその左隣にある「；」を使うと覚えましょう。

　これらのショートカットキーは、日付と時刻、あるいはほかの文字列と組み合わせても利用可能です（図4）。

今日の日付を自動入力する

図2「Ctrl」キーを押しながら「;」(セミコロン)キーを押すと、その日の日付をセルに自動入力できる。いちいちカレンダーで調べる必要もない

現在時刻を自動入力する

図3「Ctrl」キーを押しながら「:」(コロン)キーを押せば、パソコンが内蔵する時計の情報を基に、現在の時刻を自動入力できる

日付と時刻、ほかの文字列との組み合わせもOK

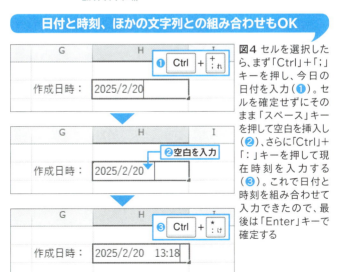

図4 セルを選択したら、まず「Ctrl」+「;」キーを押し、今日の日付を入力(❶)。セルを確定せずにそのまま「スペース」キーを押して空白を挿入し(❷)、さらに「Ctrl」+「:」キーを押して現在時刻を入力する(❸)。これで日付と時刻を組み合わせて入力できたので、最後は「Enter」キーで確定する

8 和暦の日付を最小の手間で入力する

日付を和暦で記載する場合、「令和…」と漢字で1文字ずつ入力するのは非効率です。「表示形式」を活用すれば、「5/31」のように入力するだけで、自動で和暦に変換して表示させられます。

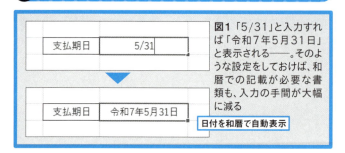

図1 「5/31」と入力すれば「令和7年5月31日」と表示される——。そのような設定をしておけば、和暦での記載が必要な書類も、入力の手間が大幅に減る

日付を和暦で自動表示

　官公庁や学校など、日付を和暦で記載するのが慣例となっている職場があります。Excelで請求書などの書類を作るとき、元号から1文字ずつ入力していくのは面倒です。

　こんなときExcelでは、「表示形式」を使うのが近道です。「5/31」と入力するだけで、「令和7年5月31日」のように表示できます（**図1**）。これはセルに保存された数値や日付を、見た目だけ変えて表示させる機能です（**図2**）。

　表示形式を変えるには、「ホーム」タブにある「数値の書式」ボックスのメニューを開き、「その他の表示形式」を選びます（**図3**）。すると「セルの書式設定」画面が開くので、「表示形式」タブにある「分類」欄で「通貨」「日付」といったデータの種類を選びます（26ページ**図4**）。日付の場合、標準では西暦の表示形式が並びますが、「カレンダーの種類」を「和暦」に変えると、和暦の表記も選択できます。

「表示形式」の仕組みを理解する

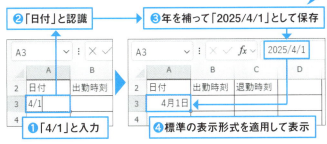

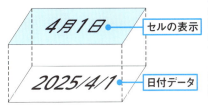

図2 セルに日付を「4/1」のように入力すると、標準では「4月1日」と表示される。これは、「4/1」をExcelが"日付"と認識したうえで（❶〜❸）、標準の「表示形式」である「4月1日」という形で表示するからだ（❹）

セルの表示形式を変更する

図3 表示形式を変更するには、対象のセルを選択して（❶）、「ホーム」タブにある「数値」グループを使う（❷）。通常は「標準」、上図のように日付が表示されているセルでは「ユーザー定義」などと表示されているボックスがあるので、右端の「∨」をクリックして（❸）、メニューから選ぶ。設定したい形式がメニューにない場合は「その他の表示形式」を選ぶ（❹）

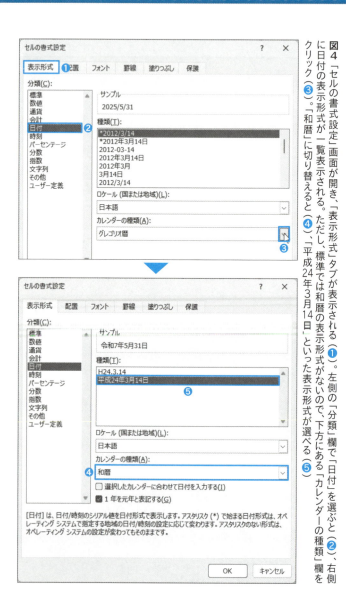

図4 「セルの書式設定」画面が開き、「表示形式」タブが表示される❶。左側の「分類」欄で「日付」を選ぶと❷、右側に日付の表示形式が一覧表示される。ただし、標準では和暦の表示形式がないので、下方にある「カレンダーの種類」欄をクリック❸。「和暦」に切り替えると❹、「平成24年3月14日」といった表示形式が選べる❺

26　第1章 入力・表示

9

日付の曜日を漢字1文字で自動表示

勤怠管理表や予定表などの日付には、「曜日」を併記したいものです。ところが、日付の表示形式の中には、曜日を表示させるものがありません。曜日表示を実現する裏ワザを紹介します。

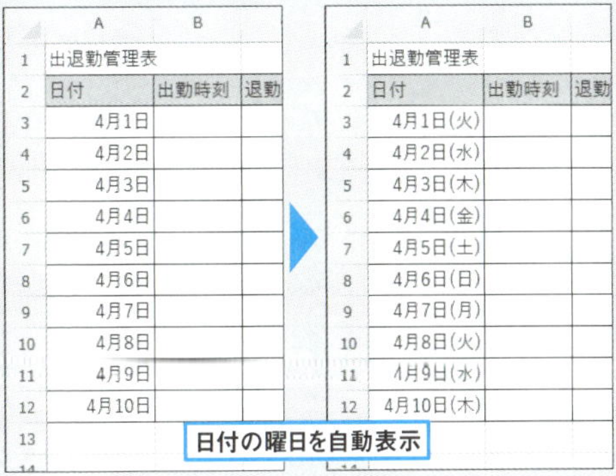

	A	B	
1	出退勤管理表		
2	日付	出勤時刻	退勤
3	4月1日		
4	4月2日		
5	4月3日		
6	4月4日		
7	4月5日		
8	4月6日		
9	4月7日		
10	4月8日		
11	4月9日		
12	4月10日		
13			

	A	B	
1	出退勤管理表		
2	日付	出勤時刻	退勤
3	4月1日(火)		
4	4月2日(水)		
5	4月3日(木)		
6	4月4日(金)		
7	4月5日(土)		
8	4月6日(日)		
9	4月7日(月)		
10	4月8日(火)		
11	4月9日(水)		
12	4月10日(木)		

図1 勤怠表や予定表の日付に、「（火）」といった曜日の記載を加えたい——。このような漢字1文字の曜日も、表示形式を使った裏ワザを使えば自動表示できる

前項で解説した通り、Excelでは「表示形式」の機能を使って、さまざまな日付の表記を選択することができます。ところが、標準で用意された表示形式の中には、「4月1日（火）」のように曜日を漢字1文字で併記するものがありません。そのような日付の表示を実現するには、ちょっとした裏ワザを使います（**図1**）。

利用するのは、表示形式の設定画面にある、「ユーザー定義」という分類です。これは文字通り、ユーザーが自分なりの表示形式を定義（作成）するための機能。選択すると、右側に「種類」という入力欄が現れます。そこに、表示形式を定義する「書式記号」を入力することで、オリジナルの表示を実現できます。

「4月1日（火）」のように漢字1文字の曜日付きで日付を表示するには、「m"月"d"日"(aaa)」のように書式記号を入力します（図2）。「m」が「月」の数字、「d」が「日」の数字、「aaa」が曜日を漢字1文字で表示する書式記号です。ほかにもさまざまな書式記号が用意されていて、その組み合わせで日付の表示を自在に操れます（図3、図4）。「年」「月」「日」などの文字は「"」（半角ダブルクォーテーション）で囲んで指定し、かっこなどの半角記号は直接入力すればOKです。

「ユーザー定義」の表示形式を設定

図2「ユーザー定義」の表示形式を使えば（❶）、標準で用意されていない多彩な日付表記が可能。例えば「aaa」という書式記号を使うと、曜日を漢字1文字で表示できる。「m」で月の数字、「d」で日の数字を表示できるので、「"」（半角ダブルクォーテーション）を使って「月」や「日」の文字を指定すれば、「4月1日（火）」のような表示を指定できる（❷❸）。なお、「（」「（」などの半角記号は、書式記号と一緒にそのまま入力して構わない

「ユーザー定義」で使用する日付の書式記号

書式記号	役割	表示例
yyyy	西暦年（4桁）	2025
yy	西暦年（2桁）	25
mm	月（2桁）	04
m	月	4
dd	日（2桁）	01
d	日	1
aaaa	曜日（漢字）	火曜日
aaa	曜日（漢字1文字）	火
mmmm	月（英語）	April
mmm	月（英語の省略形）	Apr
dddd	曜日（英語）	Tuesday
ddd	曜日（英語の省略形）	Tue
ggg	元号	令和
gg	元号（漢字1文字）	令
g	元号（アルファベット）	R
ee	和暦の年（2桁）	07
e	和暦の年	7

図3 日付の表示を指定する書式記号。アルファベットの「y」で年、「m」で月、「d」で日の表示を表し、4桁表示や2桁表示をそれぞれ指定できる。和暦の元号は「ggg」で、和暦の年は「e」で指定でき、「aaaa」または「aaa」で曜日を日本語で表示できる

図4「ユーザー定義」の「種類」欄に「ggee.mm.dd」と入力すると、「gg」で元号を漢字1文字で、「ee」で和暦の年を2桁で表記できる。上の「サンプル」欄に、セルの値が実際にどう表示されるか示されるので、確認しながら書式記号を入力しよう

10 「cm」や「円」などの単位を自動表示する

数値に「cm」などの単位を付けて入力したいときにも、「ユーザー定義」の表示形式が有効です。セルの中身は数値のまま単位を表示できるので、計算やグラフ化もできます。

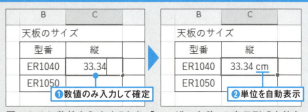

図1 セルに数値を入力するとき、「ユーザー定義」の表示形式を使えば、数値を入力するだけで、単位を自動表示できる（❶❷）。入力の手間が省けるうえ、計算なども可能なので便利だ

　表を作成するとき、数値に単位を付けて「33.34 cm」や「2,800円」のように見せたい場合があります。しかし、単位を付けてそのままセルに入力すると、データとしては「文字列」になってしまう点に注意が必要です。文字列データは計算やグラフ化ができないので、Excelで数値を扱うメリットがなくなってしまいます。セルに数値を入力するときは、単位を付けて入力しないのが原則です。

　とはいえ、単位を付けたほうがわかりやすい場面があるのも確かです。そこで、データは「数値」のまま、見かけ上だけ「cm」や「円」などの単位を付けるテクニックを紹介しましょう。前項までで解説してきた「ユーザー定義」の表示形式を使うのです。そうすれば、「33.34」と数値を入力するだけで、「33.34 cm」のように単位付きで表示でき、入力の

手間が省けます(**図1**)。さらに数値として計算やグラフ化もできるので、一石二鳥です。

「表示形式」の設定画面を開いたら、左側の「分類」欄で「ユーザー定義」を選び、右側の「種類」欄に書式記号を入力し

「ユーザー定義」の表示形式で単位を表示

図2「表示形式」の設定画面を開き、「分類」欄で「ユーザー定義」を選択(❶)。右側に現れる「種類」欄に書式記号を入力する。図のように指定すると、「33.34 cm」のように小数点第2位で数値を表示しつつ、「cm」という文字列を単位として自動表示できる(❷❸)。今回は数値と単位の間に半角スペースを設けた

数値の表示形式を指定するための書式記号

書式記号	意味
#	数値の桁を表す。その桁に数字がない場合は何も表示しない
0	数値の桁を表す。その桁に数字がない場合は「0」を表示する
"	間に挟んだ文字列を、数値と一緒に表示する
,	3桁区切りのカンマを挿入する。後ろの桁指定(#または0)を省略すると、後ろの3桁分を四捨五入して省略する

図3「ユーザー定義」の指定に使う書式記号。数値データのまま文字列を追加して表示させるには、2つの「"」(半角ダブルクォーテーション)でその文字列を挟んで指定する。記号はいずれも半角で入力する

ます。図1のように表示したければ、「0.00 "cm"」と入力すればOKです（前ページ図2）。数値の書式記号には「#」「0」「,」などがあります（図3）。「0」は数値の桁を表しますが、その桁に数字がなくても「0」を表示する点が「#」との違いです。「0.00」という指定なら、数値が整数で小数点以下がなくても、「45.00」のように小数点第2位まで「0」を表示します。単位の文字列を「"」（半角ダブルクォーテーション）で囲ん

3桁区切りの数値に「円」の文字を付けて表示

図4 数値に「円」を付けて表示するには、「セルの書式設定」画面の「表示形式」タブで「分類」欄を「ユーザー定義」とし（❶）、右側の「種類」欄に左図の書式記号を入力する（❷）。「#,##0」の部分が「数値を3桁区切りで表示する」という指定、「"円"」の部分が「『円』という文字列を表示する」という指定になる

図5 図4の設定により、「単価」欄と「小計」欄は「2,800円」のように「円」付きで表示されているが、セルを選択して数式バーを見ると、中身は「2800」のような「数値」のままであることがわかる。ここでは「数量」欄にも「0"個"」というユーザー定義の表示形式を設定した。いずれも中身は数値なので、「単価×数量」という数式で「小計」欄を計算できている

32 第1章 入力・表示

で入力するのは、日付の書式記号を指定する場合と同じです。「2,800円」のように「円」付きで表示したい場合は、ユーザー定義の書式記号を「#,##0"円"」のように指定します（**図4**）。「#,##0」の部分が「数値を3桁区切りで表示し、0の場合は0を表示する」という指定です。

ユーザー定義の表示形式で「2,800円」などと表示したセルが、「数値」のままであることは、シート上部の「数式バー」を見ればわかります（**図5**）。数式バーには、表示形式を適用する前の本来のデータが表示されます。セルの中身は数値のままなので、数式を使って計算もできます。

ユーザー定義を使えば、「2000」という数値のまま、「2千円」のように「千円」単位の表示にすることも可能です。3桁区切りの指定に使う「,」を、後ろに「#」や「0」を入力せずに使うと、「後ろの3桁分を四捨五入して省略する」という指定になります（**図6**）。

「ユーザー定義」を使った数値の表示例

ユーザー定義	「0」の場合	「1590」の場合
#,##0	0	1,590
#,##0"個"	0個	1,590個
#"kg"	kg	1590kg
"@"0	@0	@1590
0.00"m"	0.00m	1590.00m
00000	00000	01590
0,"千円"	0千円	2千円

図6 ユーザー定義を使った数値の表示形式の設定例。「#」とのみ指定すると、数値が0のとき何も表示されなくなる。「,」は通常、「#,##0」のように3桁区切りの位置に入れるが、後ろに「0」や「#」を指定しないと、後ろの3桁分を四捨五入して省略する指定になる

11 「0001」が「1」に変化!? 入れた通りに表示させる

「0001」と入力したのに「1」に変わってしまった──。そんな経験は誰にでもあるでしょう。入力したデータが勝手に変化する原因も、「表示形式」の仕組みにあります。

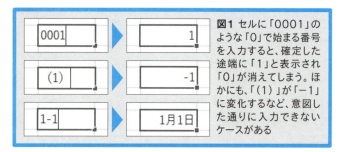

図1 セルに「0001」のような「0」で始まる番号を入力すると、確定した途端に「1」と表示され「0」が消えてしまう。ほかにも、「(1)」が「-1」に変化するなど、意図した通りに入力できないケースがある

セルに「0001」と入力しても、通常は確定後に「1」に変わってしまいます（図1）。これは、「0001」という入力内容をExcelが「数値」と認識した結果、標準の表示形式を適用して「1」と表示することが原因です。数値として見れば、「0001」も「1.00」もすべて「1」と表せるためです。

「(1)」と入力した結果、「-1」と表示されるのも同様です。財務諸表などでは、負の数値をかっこでくくる表記法があるため、かっこ付きの数値をExcelは「負の数値」と認識します。そして標準の表示形式であるマイナス記号を使った表記で「-1」のように表示します。ハイフンを挟む数値が日付になったり、コロンを挟む数値が時刻になったりするのも同様の仕組みです（図2）。

このような表示の変化を防いで、入力した通りに表示させるには、あらかじめセルの表示形式を「文字列」としておく

のが確実です（**図3**）。

このとき、セルの左上隅に、緑色の三角が付く点に注目してください（**図4**）。そのセルを選択すると「！」マークのボタンが現れ、クリックすると「数値が文字列として保存されています」と注意を促すメニューが表示されます。文字列のままで問題がなければ「エラーを無視する」を選べば、緑色の三角は消えます。

Excelがどう認識するかで表示が変わる

入力の仕方	入力例	表示例	Excelの認識
「0」で始まる番号	0001	1	数値
かっこでくくった数値	（1）	-1	負の数値
スラッシュで区切られた数値	1/1	1月1日	日付
ハイフンで区切られた数値	1-1	1月1日	日付
コロンで区切られた数値	3:2	3:02	時刻

図2 入力した通りに表示されない例。入力されたデータをＥｘｃｅｌがどのようなデータだと認識するかによって、表示結果が決まる

図3 入力した通りに表示させるには、あらかじめセルに「文字列」の表示形式を設定しておく。セルを選択して（❶）、「ホーム」タブにある「数値の書式」ボックスの「∨」をクリックし（❷）、開くメニューで「文字列」を選べばOKだ（❸）

図4「文字列」の表示形式を設定した後で「0001」と入力すれば、その通りにセルに表示される。左上隅には、"注意すべきデータ"であることを示す緑色のエラーマークが付く

12 入力用の「リスト」を表示 マウスで選択可能にする

アプリの設定画面などで、「▼」ボタンを押すとリストが表示され、そこからマウスで選べるような仕掛けをよく見かけます。実はExcelの表にも、そのような仕掛けを設けることができます。

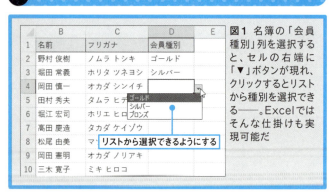

図1 名簿の「会員種別」列を選択すると、セルの右端に「▼」ボタンが現れ、クリックするとリストから種別を選択できる——。Excelではそんな仕掛けも実現可能だ

顧客情報や商品データベースなどをExcelで管理している人は多いでしょう。そのような表では、入力する項目があらかじめ決まっていることが少なくありません。例えば「会員種別」という列には「ゴールド」「シルバー」「ブロンズ」のいずれかを入力するなどと決まっているなら、「リスト」からマウスで選べるようにすると、入力が楽になります（図1）。

セルにリストを設けるには「データの入力規則」機能を使います。対象のセルを選択して設定画面を開いたら、「設定」タブの「入力値の種類」欄で「リスト」を選択（図2、図3）。右上の「ドロップダウンリストから選択する」にチェックが入った状態で、「元の値」欄に文字列を「,」（半角カンマ）で区切って入力すると、その文字列をリストに表示できます。

例えば図1のようにリストに表示したければ、「元の値」欄に「ゴールド,シルバー,ブロンズ」と入力します（**図4**）。

　ブック内のどこかに、リストにする項目を入力した別表が

「データの入力規則」で「リスト」を設定

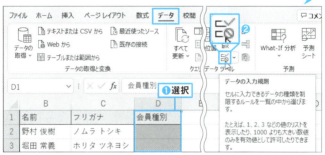

図2「会員種別」の列（ここではD列全体）を選択し（❶）、「データ」タブにある「データツール」グループの「データの入力規則」ボタンを押す（❷）

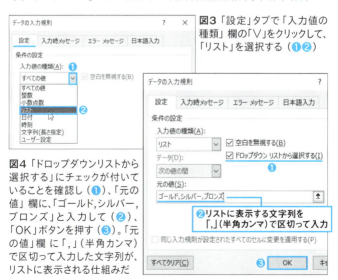

図3「設定」タブで「入力値の種類」欄の「∨」をクリックして、「リスト」を選択する（❶❷）

図4「ドロップダウンリストから選択する」にチェックが付いていることを確認し（❶）、「元の値」欄に、「ゴールド,シルバー,ブロンズ」と入力して（❷）、「OK」ボタンを押す（❸）。「元の値」欄に「,」（半角カンマ）で区切って入力した文字列が、リストに表示される仕組みだ

あるなら、その表からデータを取り込んでリスト化することも可能です（**図5**）。それには、「元の値」欄を選択した状態で、取り込みたいセル範囲をドラッグして選択します（**図6**）。すると、「＝＄F＄3：＄F＄5」といったセル参照が自動入力されるので、「OK」ボタンを押します。そのセル範囲は別のシートにあっても構いません。

セル範囲を「リスト」に自動表示

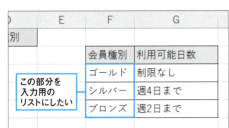

図5 入力用のリストに表示したい項目が、ブック内の別の場所に入力済みの場合、それをリストに取り込むことも可能だ。ここでは、別表にあるF3〜F5セルを基に、リストを作成してみる

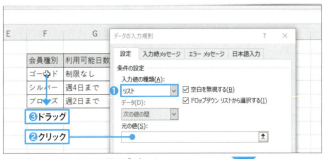

図6 前ページ図2の要領で「データの入力規則」画面を開き、「入力値の種類」欄で「リスト」を選んだら（❶）、「元の値」欄をクリックして選択（❷）。そのままリストに表示したいセルをドラッグして選択する（❸）。すると、「＝＄F＄3：＄F＄5」のように指定されるので（❹）、「OK」ボタンを押す

第 2 章

表の編集

13

表を素早く選択して移動やコピーをする

表を作成した後で、シート上で場所を移動したり、丸ごとコピーして別の表に作り替えたりすることがあります。マウス操作で素早く移動やコピーをする方法を身に付けましょう。

	A	B	C	D	E	F	G	H
1								
2		支店	1月	2月	3月			
3		東京店	5434	5653	5873			
4		横浜店	3345	3651	3974			
5		名古屋店	2532	2745	3012			
6		大阪本店	4345	4623	5123			
7		那覇店	1933	2312	2543			
8								

表の移動やコピーを手早く

図1 表の移動やコピーをするとき、いちいちメニューを開いて操作していないだろうか。♪り直感的で効率的なワザを紹介する

　表の移動やコピーは日常茶飯事。表を素早く選択し、手際良く移動したりコピーしたりするワザを身に付ければ、作業効率が格段に上がります（**図1**）。

　表全体を選択するとき、マウスで表の左上隅から右下隅までを斜めにドラッグする人は多いでしょう。それでも構いませんが、表内のセルを1つ選択した状態で、「Ctrl」キーを押しながら「A」キーを押すと、一発で表全体を選択でき簡単です（**図2**）。表を選択できたら、その範囲の外枠部分をマウスでドラッグすることで、表を移動できます（**図3上**）。その際、「Ctrl」キーを押しながらドラッグすると、表をコピーできます（**図3下**）。「Ctrl」キーを併用するかどうかで、移動とコピーを使い分けられるので覚えておきましょう。

40　第2章　表の編集

「Ctrl」+「A」キーで表全体を一発選択

図2 表内のセルを1つ選択した後（❶）、「Ctrl」キーを押しながら「A」キーを押すと（❷）、表全体を選択できる。データが連続して入力されている範囲をExcelが自動的に認識するからだ。ただし、途中に空白の行や列があると、その手前までしか選択できないので注意

単なるドラッグで移動、「Ctrl」+ドラッグでコピー

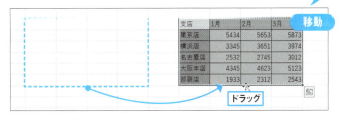

図3 表全体を選択したら、その外枠部分をマウスでドラッグして動かし、目的の場所でマウスのボタンを離せば表を移動できる（上）。また、外枠部分を「Ctrl」キーを押しながらドラッグし、目的の場所でマウスのボタンを離すと表をコピーできる（下）

14 表内の行や列の順番を入れ替える

作成済みの表で、行や列の順番を入れ替えたくなったら、「Shift」キーを押しながらドラッグするワザを使いましょう。直感的な操作で簡単に行や列を入れ替えられます。

	A	B	C	D	E	F	G	H
1								
2		支店	4月	5月	6月			
3		新宿	3723	4234	5233			
4		渋谷	2879	3195	3342			
5		銀座	5137	6135	5741			
6								

「新宿」の行を表の一番下へ移動したい

図1 「新宿」の行を一番下へ移動して、「渋谷」「銀座」「新宿」の順番に変更したい。このような編集も、マウスのドラッグ操作で一発だ

　表を作成した後で、行の順番を入れ替えたくなることがあります（図1）。そんなとき、動かしたい行をいったん別の場所に移した後、空いた行を削除して詰め、そのうえで目当ての場所に配置し直すといった操作をしていませんか。

　手っ取り早く行を入れ替えるには、動かしたい行を範囲選択した後、その外枠部分を「Shift」キーを押しながらドラッグします（図2）。すると、移動先を指定するための緑色の太線が表示されるので、その線を目当ての場所に合わせてマウスのボタンを離します。これで、選択していた行がその位置に挿入され、元の場所が自動で詰められたり、挿入先のデータが後ろにずれたりします。

　「Shift」キーを押しながらドラッグするワザは、行全体や列全体に対しても有効です。複数の列をまとめて選択し、列の順番を入れ替えることもできます（図3）。

42　第2章　表の編集

「Shift」+ドラッグで位置を入れ替えられる

図2「新宿」の行をドラッグして選択したら（❶）、縁の枠の部分を「Shift」キーを押しながらドラッグ（❷）。緑色の太線を「銀座」の行の下に合わせてマウスのボタンを離すと、その位置に「新宿」行が移動し（❸）、「渋谷」と「銀座」の行が上に詰められる

列の入れ替えも同様に可能

図3「郵便番号」から「住所」までの列全体を選択し（❶）、「電話」列の左側まで「Shift」キーを押しながらドラッグ（❷）。緑色の太線が「電話」列の左側に表示された状態でマウスのボタンを離すと、下図のような順番に入れ替わる（❸）

15
表の"縦横変換"も一発！イチから作り直す必要なし

表の縦と横を入れ替えたい――。そんなとき、表を初めから作り直す必要はありません。表の縦横をそっくり入れ替える「行/列の入れ替え」という機能がExcelにはあります。

支店	1月	2月	3月
大阪本店	4345	4623	5123
東京店	5434	5653	5873
横浜店	3345	3651	3974
名古屋店	2532	2745	3012
那覇店	1933	2312	2543

図1 縦に支店名、横に月名が並んだ左のような表を、横に支店名、縦に月名が並んだ下のような表に作り直したい。これを一発で実現する便利な機能がある

支店	大阪本店	東京店	横浜店	名古屋店	那覇店
1月	4345	5434	3345	2532	1933
2月	4623	5653	3651	2745	2312
3月	5123	5873	3974	3012	2543

　表の左端に縦に並んだ項目名（行見出し）と、表の上端に横に並んだ項目名（列見出し）を入れ替えて、表の見せ方を変えたいと思ったことはありませんか（**図1**）。イチから作り直すのはひと苦労ですが、Excelには表の縦横を一発で入れ替える機能があります。

　具体的には、元の表をいったん「コピー」して、「貼り付け」ボタンのメニューから「行/列の入れ替え」を選びます（**図2**、**図3**）。すると、縦横が入れ替わった状態で、表が貼り付けられます。書式や数式の参照も引き継がれるので便利です。

　なお、複雑な表の場合、書式が一部崩れることがあるので、必要に応じて手直ししてください。

第2章 表の編集

「貼り付け」のオプションから「行/列の入れ替え」

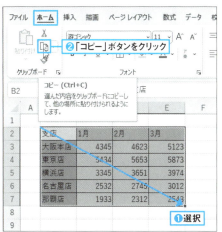

図2 対象にする表をドラッグするなどして選択（❶）。「ホーム」タブにある「コピー」ボタンをクリックする（❷）

図3 貼り付け先として、空いているセルを1つ選択（❶）。「ホーム」タブにある「貼り付け」ボタンの「∨」（下半分）をクリックし（❷）、開くメニューから「行/列の入れ替え」ボタンを押す（❸）。すると、図1下のように、縦と横を入れ替えた表が貼り付けられる

16 表の一番下まで 瞬時に移動する

画面に収まらないような大きな表では、目的の場所までスクロールするのもひと苦労です。表の一番下に新しいデータを追加するときなど、表の端まで一気に移動するワザを紹介します。

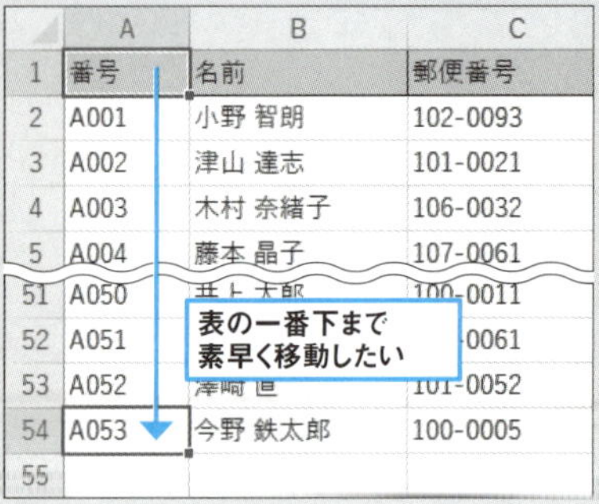

図1 顧客名簿に新たなデータを追加するときなど、表の一番下まで移動する操作に手間取ることがある。こんなとき、マウスで画面をスクロールしなくても、一発で確実に移動する方法がある

　顧客名簿に新規のデータを追加しようと画面をスクロールしていたら、勢い余って行きすぎてしまった――。そんな経験は誰にでもあるでしょう（**図1**）。画面に収まらないような大きな表で、その一番下まで移動したいときは、「Ctrl」キーを押しながら「↓」（下矢印）キーを押すワザがお勧めです。「Ctrl」キーを押しながら上下左右の矢印キーを押すと、表の上端、下端、左端、右端へと一気にジャンプできます（**図2**）。

　ただし、表の途中に「空欄」のセルがあるときは要注意。「Ctrl」＋矢印キーは、「データが連続している範囲の端」まで移動する操作なので、途中に空欄があると、その手前で止まってしまいます。これを逆手に取れば、表の中にある空欄のセルを探す用途にも使えます（**図3**）。

46　第2章　表の編集

「Ctrl」キーと矢印キーを組み合わせて瞬間移動

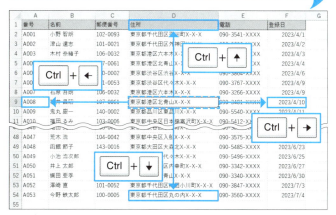

図2 表内のセルを1つ選択しているとき、「Ctrl」キーを押しながら上下左右の矢印キーを押すと、それぞれ上下左右の端まで一発でジャンプできる。表の端が画面の外にあるときは、自動的にその位置まで画面がスクロールする。簡単・確実に、セルを移動できる

未入力のセルを探すのにも使える

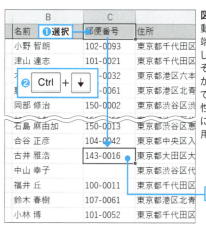

図3「Ctrl」+矢印キーで移動する先は、厳密には「表の端」ではなく、「データが連続している範囲の端」になる。そのため、途中に空欄のセルがあると、その手前のセルまで移動する（❶〜❸）。この性質を利用すれば、表の中にある未入力のセルを探す用途にも使える

17

表の行全体、列全体を素早く選択する

前項で紹介した「Ctrl」＋矢印キーのワザに「Shift」キーを組み合わせると、「表の端まで一気に選択する」というショートカットキーになります。表を行単位、列単位で選択する際に便利です。

	A	B	C	D	F	G
1	番号	名前	郵便番号	住所	登録日	
2	A001	小野 智朗	102-0093	東京都 XXXX	2023/4/1	
3	A002	津山 達志	101-0021	東京都 XXXX	2023/4/2	
4	A003	木村 奈緒子	106-0032	東京都 XXXX	2023/4/3	
5	A004	藤本 晶子	107-0061	東京都 XXXX	2023/4/4	
6	A005	行全体を素早く選択したい		東京都 XXXX	2023/4/6	
7	A006	加納 鉄郎	151-0053	東京都		

図1「表内の特定の行だけ塗りつぶして強調したい」といった場合、まずその行全体を範囲選択する必要がある。画面に収まらないような大きな表だと、ドラッグ操作での選択は難しいが、これを解決する便利ワザがある

　表のデータを行単位、または列単位で選択することがよくあります（図1）。そんなときに便利なのが、「Ctrl」キーと「Shift」キーを押しながら矢印キーを押すワザです。

　「Ctrl」＋矢印キーで表の端まで移動できることを前項で紹介しましたが、これに「Shift」キーを加えると、表の端まで一気に移動しつつ、その間にあるセルを範囲選択できます。そのため、表の左端のセルを選択して「Ctrl」＋「Shift」＋「→」キーを押せば、その行全体を範囲選択できます（図2）。同様に、表の上端のセルを選択して「Ctrl」＋「Shift」＋「↓」キーを押せば、その列全体を範囲選択できます（図3）。

　画面に収まらないような大きな表で、行全体や列全体を選択するときに使うと効果的です。

「Ctrl」+「Shift」+「→」キーで、右端まで選択

図2 表の左端のセルを選択して（❶）、「Ctrl」キーと「Shift」キーを押しながら「→」キーを押すと（❷）、その行の右端までを範囲選択できる（❸）

「Ctrl」+「Shift」+「↓」キーで、下端まで選択

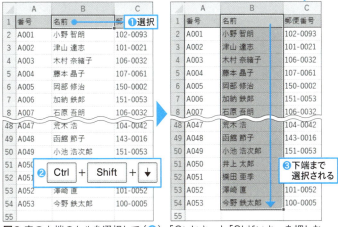

図3 表の上端のセルを選択して（❶）、「Ctrl」キーと「Shift」キーを押しながら「↓」キーを押すと（❷）、その列の下端までを範囲選択できる（❸）

18 表の書式を崩さずに値のみを貼り付ける

通常の「コピー」→「貼り付け」の操作では、コピー元の書式がそのまま貼り付け先にも適用されます。貼り付け先の書式をそのまま生かすには、「値」のみを貼り付ける操作が必要です。

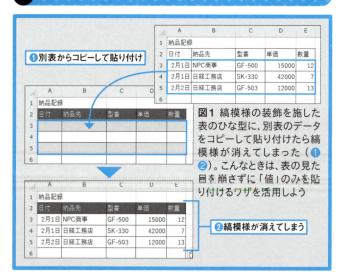

❶別表からコピーして貼り付け

図1 縞模様の装飾を施した表のひな型に、別表のデータをコピーして貼り付けたら縞模様が消えてしまった（❶❷）。こんなときは、表の見た目を崩さずに「値」のみを貼り付けるワザを活用しよう

❷縞模様が消えてしまう

　書式を設定済みの表に、別の表からデータをコピーして貼り付けたら、書式が崩れてしまった——。そんな経験は誰にでもあるでしょう。例えば、塗りつぶしを設定していないセルをコピーして貼り付ければ、貼り付けた先の塗りつぶしは上書きされて消えてしまいます（**図1**）。その逆も同じです。

　こんなときに使いたいのが、コピーしたセルの「値」だけを貼り付けるテクニック。貼り付ける際、「貼り付け」ボタンのメニューから「値」または「値と数値の書式」を選びます（**図**

2)。「値と数値の書式」を選んだ場合は、書式の中でも「¥」記号や3桁区切りといった数値の「表示形式」だけが引き継がれ、セルの塗りつぶしや罫線などは無視されます。

うっかり単なる「貼り付け」を実行してしまった場合も、その直後なら、右下に現れるボタンをクリックすることで、同様のメニューを開いて選択できます（図3）。すると、貼り付けた結果がその場で切り替わるので、最初からやり直す必要はありません。

「値」のみを貼り付ければ、書式はそのまま

図2 コピーしたデータを表に貼り付ける際、「貼り付け」ボタンの「∨」（下半分）をクリックし（❶）、開くメニューで「値の貼り付け」欄にある「値」または「値と数値の書式」を選ぶ（❷）。すると、コピー先の書式はそのまま、セルの中身だけが貼り付けられる（❸）

貼り付けた後で、切り替えることもできる

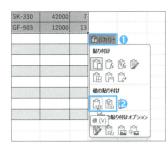

図3 図2のメニューを使わずに、図1のように普通に貼り付けてしまった場合、その直後なら、簡単に修正することが可能。貼り付けた範囲の右下に表示される「(Ctrl)」と書かれたボタン（スマートタグ）をクリックすると（❶）、貼り付ける形式を選択できるメニューが開くので、「値」または「値と数値の書式」を選ぶ（❷）。すると、図2の操作をした結果と同じにできる

19 セルの書式だけを コピーして使い回す

複数のセルに同じ書式を設定したいときは、「書式のコピー/貼り付け」ボタンを利用して、書式だけをコピーして使い回すのが近道です。ボタンをダブルクリックするワザも覚えると便利です。

	A	B	C	D	E	F
1		月額	容量	付属アプリ	自動同期	
2	A社	*560円*	100GB	3種類	15分置き	
3	B社	980円	*1TB*	なし	なし	
4	C社	760円	500GB	*5種類*	*リアルタイム*	
5						
6		書式だけをコピーして使い回したい				

図1 B2セルに設定したのと同じ書式を、C3、D4、E4セルにも設定したい。1セルずつ書式を設定するのは面倒だが、「書式のコピー / 貼り付け」ボタンを使えば簡単。書式だけコピーできるので効率的だ

　複数のセルに同じ書式を設定したいとき、セルを1つずつ選択して書式を設定していくのは面倒です。そこで利用したいのが「書式のコピー/貼り付け」ボタンです（**図1**）。

　まずは「書式のコピー/貼り付け」ボタンの基本を確認しましょう。コピーしたい書式を設定したセルやセル範囲を選択したら、「ホーム」タブにある「書式のコピー/貼り付け」ボタンをクリック。続けて、貼り付けたいセルをクリックします。すると、書式だけがそこに貼り付けられます（**図2**）。

　同じ書式を貼り付けたい場所が複数あるときは、「書式のコピー/貼り付け」ボタンをダブルクリックするのがコツです。すると、クリックやドラッグの操作で、複数の箇所に続けて書式を貼り付けられます（**図3**）。

52　第2章　表の編集

「書式のコピー/貼り付け」ボタンを使う

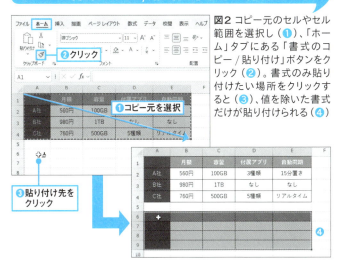

図2 コピー元のセルやセル範囲を選択し（①）、「ホーム」タブにある「書式のコピー/貼り付け」ボタンをクリック（②）。書式のみ貼り付けたい場所をクリックすると（③）、値を除いた書式だけが貼り付けられる（④）

ボタンのダブルクリックで、連続貼り付けも可能

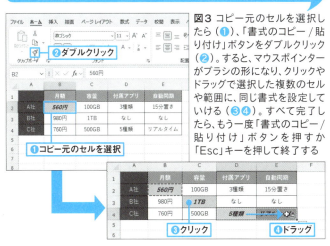

図3 コピー元のセルを選択したら（①）、「書式のコピー/貼り付け」ボタンをダブルクリック（②）。すると、マウスポインターがブラシの形になり、クリックやドラッグで選択した複数のセルや範囲に、同じ書式を設定していける（③④）。すべて完了したら、もう一度「書式のコピー/貼り付け」ボタンを押すか「Esc」キーを押して終了する

20

離れたセルを同時に選択 書式をまとめて設定する

複数のセルに同じ書式を設定したいときは、それらのセルを同時に選択した状態にして設定操作を行います。離れた場所にあるセルも、「Ctrl」キーの活用で同時に選択することができます。

	A	B	C	D	E	F	G
1		1月実績	前月比	2月実績	前月比	3月実績	前月比
2	新宿店	3,434	89%	4,162	121%	3,854	93%
3	池袋店	6,533	98%	6,134	94%	6,673	109%
4	渋谷店	4,566	86%	4,987	109%	5,283	106%
5	品川店	2,135	80%	2,433	114%	2,659	109%
6				%表示をまとめて設定したい			
7							

図1 1列置きにある「前月比」のセルは、「パーセントスタイル」を設定して「％」表示にしたい。前項では書式をコピーする方法を紹介したが、複数のセルを同時に選択して、書式を一括設定する方法もある

　前項では、セルに設定した書式をコピーして、ほかのセルに貼り付ける方法を紹介しました。一方、同じ書式にすることが最初からわかっている場合は、対象のセルを同時に選択して、書式を一括設定する方法もあります（**図1**）。

　セルやセル範囲を選択するには、マウスでクリックしたりドラッグしたりしますが、「Ctrl」キーを押しながらクリックしたりドラッグしたりすると、離れた場所にあるセルやセル範囲も、同時に選択した状態にできます（**図2**）。そのうえで書式を設定すれば、複数箇所にまとめて書式を設定できます。

　ちなみにExcel 2019以降では、一度選択したセルやセル範囲を「Ctrl」キーを押しながらクリック／ドラッグすることで、そこだけ選択を解除することが可能です（**図3**）。

「Ctrl」＋クリック／ドラッグで同時に選択

図2 1つめのセル範囲をドラッグして選択したら（❶）、2つめ以降のセル範囲は「Ctrl」キーを押しながらドラッグして選択する（❷❸）。これで、離れたセル範囲を同時に選択できるので、そのまま「パーセントスタイル」ボタンをクリックすれば書式を一括設定できる（❹）

もう一度「Ctrl」＋クリック／ドラッグで選択解除

図3「Ctrl」＋クリック／ドラッグで複数のセルやセル範囲を選択しているとき、うっかり間違ったセルを選択してしまったら、その場所をもう一度「Ctrl」＋クリック／ドラッグしてみよう（❶）。するとその場所だけ選択を解除できる（❷）。なお、この選択解除ができるのは、Excel 2019以降だ

21 列の幅を均等に調整 離れた列でもOK

列の幅を調整するには、列名（アルファベット）部分で、右側の境目をドラッグします。複数の列幅をまとめて調整することもでき、均等にすることで見栄えの良い表にすることができます。

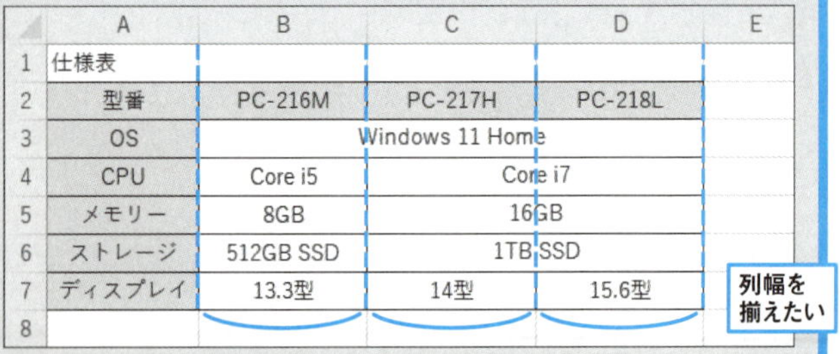

	A	B	C	D	E
1	仕様表				
2	型番	PC-216M	PC-217H	PC-218L	
3	OS	Windows 11 Home			
4	CPU	Core i5	Core i7		
5	メモリー	8GB	16GB		
6	ストレージ	512GB SSD	1TB SSD		
7	ディスプレイ	13.3型	14型	15.6型	
8					

図1 B～D列の幅を、均等に揃えて広げたい。表をきれいに見せるための基本テクニックを押さえよう

表の見栄えを良くするのに効果的なのは、同じような項目が並ぶ列の幅を統一することです（**図1**）。それには、シート上部の列名（アルファベット）をドラッグして複数を同時に選択した状態にして、いずれかの列の幅を調整します（**図2**）。すると、選択中のすべての列を同じ幅に統一できます。

離れた位置にある複数の列を同じ幅に統一することも簡単です。それには1つめの列をクリックして選択した後、2つめ以降の列を「Ctrl」キーを押しながらクリックして、同時に選択します。この状態でそのうちの1つの境目をドラッグすれば、各列の幅を統一できます（**図3**）。

ここでは列幅の調整について説明しましたが、行の高さを調整するときも同様です。

まとめて選択して列幅を変えれば均等になる

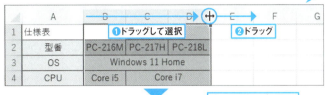

図2 列名の部分をドラッグして3つの列を選択（❶）。この状態で境目の1つをドラッグして列幅を調整すると（❷）、すべての列を同じ幅にできる（❸）

離れた複数の列を同じ幅に揃える

図3 離れた位置にある複数の列を同じ幅にするには、1つめの列の列名をクリックして選択した後（❶）、2つめ以降の列名を「Ctrl」キーを押しながらクリックする（❷）。すると同時に選択された状態になるので、そのうちの1つの列幅を調整すると（❸）、同じ列幅に統一できる（❹）

22 タイトル行を除外して列幅を自動調整する

表を見やすくするには、文字数に合わせてちょうどよい列幅にするのが効果的です。ここでは、ダブルクリックで自動調整する方法や、タイトルを除外して自動調整するワザを紹介します。

	A	B	C	D	E	F
1	新宿支店お得意様名簿					
2	ID	顧客名	顧客読み	郵便番号	都道府県	住所
3	C001	吉田 紀夫	よしだ のりお	350-1126	埼玉県	川越市旭町X-XX
4	C002	宮崎 博司	みやざき ひろし	279-0031	千葉県	浦安市舞浜X-XX
5	C003	田中 桜	たなか さくら	112-0012	東京都	文京区大塚X-XX
6	C004	福田 幸雄	ふくだ ゆきお	146-0082	東京都	大田区池上X-XX

列幅をぴったり調整したい

図1 ID、名前、読み仮名、住所など、名簿の各列に異なる長さの文字列が入力されている。列ごとに最適な幅となるように調整したいが、1列ずつ調整するのは面倒だ。すべての列を一発で自動調整するワザを使おう

列の幅を調整するには、シート上部にある列名（アルファベット）の右側の境目をドラッグするのが基本です。また、境目をダブルクリックすれば、その列に入力されている“最大の文字数”に合わせて列幅を自動調整できます。

とはいえ、何列もある表の列幅を1つずつ調整するのは面倒です（**図1**）。そこで、複数の列幅を一気に自動調整する方法を覚えましょう。対象の列をドラッグしてまとめて選択し、そのうちの1つの境目をダブルクリックするのです（**図2**）。これで、各列の文字数に合わせて幅を自動調整できます。

ただし、表の上に長いタイトルがあると、その文字数に列幅が合わされてしまいます（**図3**）。タイトルを除外して列幅を自動調整するには、表の部分のみを範囲選択して、「書式」メニューから「列の幅の自動調整」を選びます（**図4**）。

列の境目をダブルクリックして自動調整

図2 列名の部分をドラッグしてすべての列を選択（❶）。この状態で境目の1つをダブルクリックすると（❷）、入力されている文字数に応じて、各列の幅がそれぞれ自動調整される（❸）

タイトルを除いて表だけを選択し、自動調整

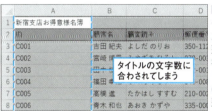

図3 表の上に文字数の多いタイトルがあると、図2の方法で列幅を自動調整したとき、タイトルの文字数に列幅が合わされてしまう。このような場合に、タイトルを除外して調整する方法もある

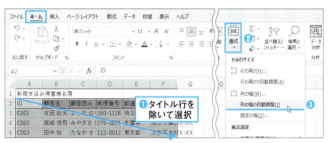

図4 まずタイトル行を除いた2行目以降をドラッグして選択（❶）。「ホーム」タブにある「書式」ボタンをクリックし（❷）、メニューから「列の幅の自動調整」を選ぶ（❸）。すると、選択した範囲の文字列だけを対象に列幅が自動調整され、図1のようになる

23 1行置きに空白行を挿入する

> 作成済みの表に新しく行を挿入して、情報を追加するケースは少なくありません。各行に対してそれぞれ新しい行を挿入したいときは、1行置きに空白行を一括挿入するワザを使いましょう。

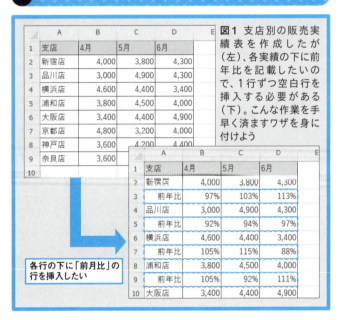

図1 支店別の販売実績表を作成したが（左）、各実績の下に前年比を記載したいので、1行ずつ空白行を挿入する必要がある（下）。こんな作業を手早く済ますワザを身に付けよう

各行の下に「前月比」の行を挿入したい

　表の各行に、1行ずつ空白行を挿入したい——。表に新たな項目を追加するときなど、そんな挿入操作が必要になることがあります（図1）。空白行を挿入するには、行全体を選択して右クリックし、開くメニューで「挿入」を選ぶのが基本です。しかし、図1のようなケースで1行ずつ挿入していくのは、手間も時間もかかります。

そこで活用したいのが、「Ctrl」キーを押しながらクリックするワザです。シート左端の行番号をクリックすると行全体を選択できますが、1行目をクリックして選択した後、2行目以降を「Ctrl」キーを押しながらクリックすると、各行を個別に同時選択した状態にできます（図2）。この状態でいずれかの行を右クリックして、開くメニューで「挿入」を選べば、選択した各行に対して空白行の挿入が行われます。結果的に、1行置きに空白行を挿入できるわけです。

このワザはもちろん、列に対しても有効です。

「Ctrl」+クリックで各行を選択して挿入

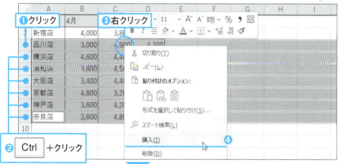

図2 複数の行間にまとめて空白行を挿入するには、1行目をクリックして選択した後（❶）、2行目以降を「Ctrl」キーを押しながらクリックして同時に選択した状態にする（❷）。そのうえでいずれかを右クリックし（❸）、「挿入」を選ぶ（❹）。すると各行の間に空白行を1行ずつ挿入できる（❺）

24 空欄に自動で色付け 入力すると色が消える

表内の未記入のセルに色を付けて強調しておきたいなら、「条件付き書式」を使うのが簡単です。1つずつ空欄を探さなくても、自動で色付けができます。入力すれば色が消えるので便利です。

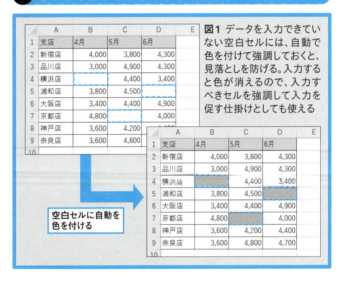

図1 データを入力できていない空白セルには、自動で色を付けて強調しておくと、見落としを防げる。入力すると色が消えるので、入力すべきセルを強調して入力を促す仕掛けとしても使える

空白セルに自動を色を付ける

　表の記入漏れを防ぐには、未入力のセルに色を塗っておくのが効果的です。ほかの人に入力をお願いするときに、「色付きのセルに入力してください」などと指示するケースもあります。このような場面で便利なのが「条件付き書式」。指定した条件に合致するセルに自動で書式を設定する機能です。これを使って空欄（空白）のセルに自動で色付けすれば、1つずつ空欄を探して塗りつぶす手間が省けます（**図1**）。

　設定方法は**図2**、**図3**の通りです。ルールの種類を「指定の

値を含むセルだけを書式設定」とし、「次のセルのみを書式設定」という欄で「空白」を選びます。「書式」ボタンから塗りつぶしの色を指定すれば、空欄に自動で色が付きます。

　データを入力すると、即座に色が消える点も便利なところです（**図4**）。データを消せば、再び色が付きます。

「条件付き書式」で、空白セルを自動で色付け

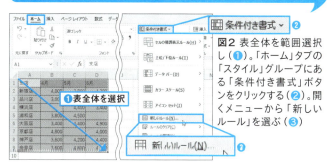

図2 表全体を範囲選択し（❶）。「ホーム」タブの「スタイル」グループにある「条件付き書式」ボタンをクリックする（❷）。開くメニューから「新しいルール」を選ぶ（❸）

図3「ルールの種類を選択 …」欄で「指定の値を含むセルだけを書式設定」を選択（❶）。現れる「次のセルのみを書式設定」欄の左端で「空白」を選ぶ（❷）。「書式」ボタンをクリックして塗りつぶしの色を指定し（❸）、「OK」ボタンを押す（❹）

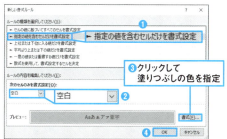

図4 条件付き書式により、空白のセルだけに塗りつぶしの色が付く。その空白セルにデータを入力し、「Enter」キーで確定すると（❶）、自動的に塗りつぶしの色は消える（❷）。逆にデータを消去すると、自動でセルに色が付く

25 空欄をまとめて選択し、「未記入」と一括入力

表の中にある空白セルには「未記入」と入力し、それとわかるようにしておきたい――。そんなときは、空白セルを自動選択するワザを使いましょう。「未記入」の文字も一括入力できます。

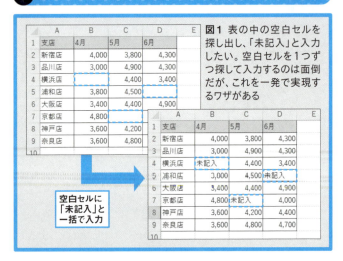

図1 表の中の空白セルを探し出し、「未記入」と入力したい。空白セルを1つずつ探して入力するのは面倒だが、これを一発で実現するワザがある

空白セルに「未記入」と一括で入力

　前項では、未入力のセルを色付けして目立たせる方法を紹介しました。ただし、色を付けるだけでは、データとしては空白のままです。データとして明示的に「未記入」などと入力しておくほうが、集計や分析の際に間違いがありません（図1）。文字を入力しておけば、画面に収まらないような大きな表の中でも検索して探せるので便利です。

　このとき、1つひとつ空白セルを探して「未記入」と入力していくのは面倒です。また空白セルは目立たないので、見落としてしまう恐れもあります。

そこで活用したいのが「ジャンプ」機能です。表全体を選択して、「ホーム」タブにある「検索と選択」ボタンのメニューから「ジャンプ」を選びます（図2）。開く画面で「セル選択」ボタンを押し、続く画面で「空白セル」を選べば（図3）、選

「空白セル」を検索してまとめて選択

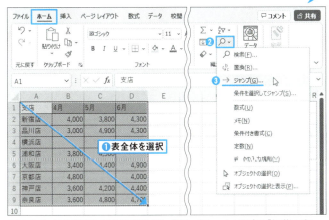

図2 まず、対象にする表全体を選択し（❶）。「ホーム」タブの「編集」グループにある「検索と選択」ボタンをクリック（❷）。開くメニューから「ジャンプ」を選ぶ（❸）。「F5」キーを押す方法でもよい

図3 「ジャンプ」画面で「セル選択」ボタンをクリック（❶）。続く画面で「空白セル」を選択して「OK」ボタンを押す（❷❸）

択範囲内で空白セルを検索できます。

便利なのは、該当するセルがまとめて選択された状態になること（**図4**）。その状態で「未記入」などと入力し、「Ctrl」キーを押しながら「Enter」キーを押すと、選択されていた空白セルに一括入力できます（**図5**）。

選択されたセルに「Ctrl」+「Enter」で一括入力

	A	B	C	D
1	支店	4月	5月	6月
2	新宿店	4,000	3,800	4,300
3	品川店	3,000	4,900	4,300
4	横浜店		4,400	3,400
5	浦和店	3,800	4,500	
6	大阪店	3,400	4,400	4,900
7	京都店	4,800		4,000
8	神戸店	3,600	4,200	4,400
9	奈良店			00
10				

空白セルがまとめて選択される

図4 図2で選択していた表の範囲内で、すべての空白セルが同時に選択される。このままキーを押して文字を入力すると、選択されたセルのうち、灰色になっていない白いセル（アクティブセル）に文字が入る

2	新宿店	4,000	3,800	4,300
3	品川店	3,000	4,900	4,300
4	横浜店	未記入		
5	浦和店	3,800	4,500	
6	大阪店	3,400	4,400	4,900
7	京都店	4,800		4,000
8	神戸店	3,600		
9	奈良店	3,600		
10				

❶「未記入」と入力

❷ Ctrl + Enter

2	新宿店	4,000	3,800	4,300
3	品川店	3,000	4,900	4,300
4	横浜店	未記入	4,400	3,400
5	浦和店	3,800	4,500	未記入
6	大阪店	3,400	4,400	4,900
7	京都店	4,800	未記入	4,000
8	神戸店	3,600	4,200	4,400
9	奈良店	3,600		
10				

❸すべての空白セルに入る

図5 図4の状態で「未記入」と入力（❶）。アクティブセルに入力されたところで、「Ctrl」+「Enter」キーを押す（❷）。すると、選択されていたすべての空白セルに一括入力できる（❸）

第 3 章

計算&集計

26 数式の基本を確認 セルを参照して計算

表の数値を計算・集計できることが、「表計算ソフト」である Excelの本領です。セルに数式を入力することで、ほかのセルの 値を自動計算できます。まずは数式の基本から解説します。

	A	B	C	D	E
1	品番	単価	数量	小計	
2	PC2154	2,500	2	5,000	
3					
4	小計を計算したい				

図1 見積書や請求書で「単価×数量」を計算したい。こうした計算を 自動で行えるのがExcelの大きな利点だ

見積書や請求書をExcelで作成すれば、「単価×数量」とい った計算も全自動でできます（**図1**）。こうした計算に使うの が、セルに入力する「数式」です。便利なのは、ほかのセル に入力された値を参照して計算できるところ。例えば「＝ B2*C2」という数式を入力すれば、「B2セルとC2セルの掛 け算」を実行できます（**図2**）。Excelでは、掛け算に「*」（半 角アスタリスク）、割り算に「/」（半角スラッシュ）を使います。 数式は、キーボードから直接入力しても構いませんが、参照 先のセルをマウスでクリックして指定すると楽です（**図3**）。

コピーして使い回せるのもExcelの数式の利点です。1行 目に入力した数式を2行目以下にコピーすれば、各行で正し い計算ができます（**図4**）。図4の場合、数式は「＝B3*C3」「＝ B4*C4」「＝B5*C5」…のように自動的に変化するためです。 この仕組みを「相対参照」といいます。

68　第3章　計算&集計

ほかのセルを「参照」して計算できる

図2 Excelの数式では、「B2」や「C2」のようにセルの位置(アドレス)を指定して、セルを「参照」できる。セルに数式を入力するときは「＝」で始めるのが基本。「＝B2*C2」という数式を入力すると、B2セルの値とC2セルの値を掛けた結果が求められる

図3 数式を入力するときは、まず「＝」を先頭に入力する(❶)。セルが編集状態になったら、参照したいセルをマウスでクリック(❷)。すると、「B2」のようにアドレスが入力され(❸)、そのセルが色枠で囲まれる

数式はコピーして使い回せる

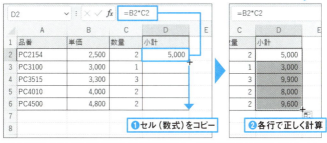

図4 D2セルに「単価×数量」を計算する「＝B2*C2」という数式を入力した。このセルの右下隅の四角(ハンドル)をドラッグ(オートフィル)してD6セルまでコピーすると(❶)、行ごとに「単価×数量」を計算する数式となり、それぞれ正しい計算ができる(❷)

27 相対参照と絶対参照の違いを理解してコピー

数式をコピーすると、参照先のセルは相対的に変化するのが基本です。一方で、参照先がずれると正しく計算できないケースもあります。参照先を固定する方法も知っておく必要があります。

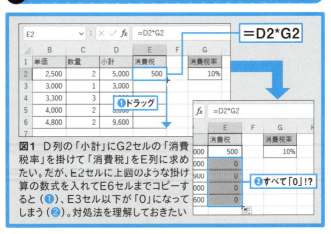

図1 D列の「小計」にG2セルの「消費税率」を掛けて「消費税」をE列に求めたい。だが、E2セルに上図のような掛け算の数式を入れてE6セルまでコピーすると（❶）、E3セル以下が「0」になってしまう（❷）。対処法を理解しておきたい

　前項で数式の「相対参照」について説明しました。参照先のセルが自動的に変化することで、各行で適切な計算ができるという仕組みです。ところが、参照先がずれては困る場合もあります。それが図1のような例です。どの数式からも「消費税率」のG2セルを参照する必要があるのに、コピーすることで参照先がずれ、何もないセルを参照してしまっています（図2）。

　このような場合、参照先がずれないように固定する「絶対参照」という指定方法を使います。数式の中で固定したい「G2」の部分にカーソルを置き、「F4」キーを押しましょう（図

3)。すると「＄G＄2」のように「＄」記号が追加されます。そのうえで数式をコピーすると、「＄G＄2」の部分は固定され、各行で正しい計算ができます。なお、「＄」は手入力しても構いません。

数式の参照先は相対的にずれる

図2 図1の数式では、相対参照の仕組みにより、参照先のG2セルが1行ずつずれていく。その結果、コピー先では空白セルを参照し、計算結果が「0」になってしまう

「＄」記号を付ければ、コピー先でも同じセルを参照

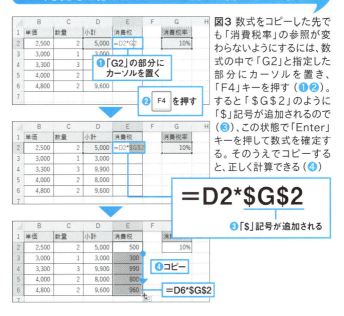

図3 数式をコピーした先でも「消費税率」の参照が変わらないようにするには、数式の中で「G2」と指定した部分にカーソルを置き、「F4」キーを押す（❶❷）。すると「＄G＄2」のように「＄」記号が追加されるので（❸）、この状態で「Enter」キーを押して数式を確定する。そのうえでコピーすると、正しく計算できる（❹）

28 「行×列」の計算を一気にこなす複合参照

> 数式でセルの参照を指定する方法として、「相対参照」と「絶対参照」の2つがあることを前項までで解説しました。でも実は、もう1つ「複合参照」という指定方法もあります。

	A	B	C	D	E	F	G	H	I	J	K	L
1	掛け算九九表											
2		1	2	3	4	5	6	7	8	9		
3	1	1	2	3	4	5	6	7	8	9		
4	2	2	4	6	8	10	12	14	16	18		
5	3	3	6	9	12	15	18	21	24	27		
6	4	4	8	12	16	20	24	28	32	36		
7	5	5	10	15	20	25	30	35	40	45		
8	6	6	12	18	24	30	36	42	48	54		
9	7	7	14	21	28	35	42	49	56	63		
10	8	8	16	24	32	40	48	56	64	72		
11	9	9	18	27	36	45	54	63	72	81		
12												

行見出しと列見出しの掛け算がしたい

図1 「掛け算九九表」は、行見出しとして並べた数値と列見出しとして並べた数値を掛け合わせて作成する。このような計算を効率良く行うには「複合参照」を使う

図1のような「掛け算九九表」は、行見出しの数値と、列見出しの数値の掛け算で作成します。このとき、数式を個別に入力する必要はありません。左上隅のセルに、**図2**のような数式を入力して、表全体にコピーすれば完成です（**図3**）。

ポイントは、数式の中にある「$」記号。ここでは行見出しを「$A3」のように指定し、「A」にだけ「$」を付けています。また、列見出しは「B$2」のように「2」にだけ「$」を付けています。これを「複合参照」といいます。「$」を付けた「A」の部分と「2」の部分だけが固定され、「$」のない部分は相対的に変化します。これにより、どのセルからもA列の行見出しと2行目の列見出しを参照できるわけです（**図4**）。

72 第3章 計算&集計

「行だけ」「列だけ」固定する「複合参照」でコピー

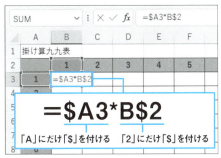

図2 まず左上隅のB3セルに、図の数式を入力する。行見出しを参照する「A3」の部分は、常にA列を参照するように「A」の部分にだけ「$」を付ける。列見出しを参照する「B2」の部分は、常に2行目を参照するように「2」の部分にだけ「$」を付ける

図3 B3セルを選択後、右下隅のハンドルを下方向にドラッグしてB11セルまでコピー（❶）。さらに、B3～B11セルが選択された状態のまま、右下隅のハンドルをJ列までドラッグする（❷）

図4 表全体に数式がコピーされ、正しい計算結果が表示される。コピーされた数式を見ると、どのセルも「同じ行のA列×同じ列の2行目」という掛け算になっている

29 別シートのセルを参照して計算する

Excelのブック（ファイル）には、複数のシートを作成できます。そのようなブックでは、ほかのシートに入力された数値を参照して計算したい場面もあるでしょう。その手順を押さえましょう。

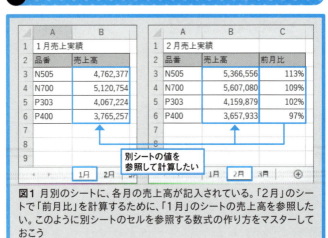

図1 月別のシートに、各月の売上高が記入されている。「2月」のシートで「前月比」を計算するために、「1月」のシートの売上高を参照したい。このように別シートのセルを参照する数式の作り方をマスターしておこう

「1月」「2月」「3月」のように月別のシートを作成して、実績表などを作ることがあります。このようなシートで「前月比」を求めるには、前月のシートにある数値を数式で参照しなければなりません（**図1**）。

といっても、難しいことではありません。同じシート内にあるセルを参照するときと同じように、マウスのクリック操作で参照先を指定できます。数式の入力中にシート名をクリックして参照先のシートを表示し、目当てのセルをクリックすればよいのです（**図2**）。すると、数式バーに表示された数

式で、そのセルが指定されたことがわかります。あとは、「Enter」キーで確定するだけです。

完成した数式を見ると、「'1月'!B3」のような指定になっています（**図3**）。シート名の後ろに「!」記号を付け、続けてセルを指定することで、別シートを参照できるわけです。

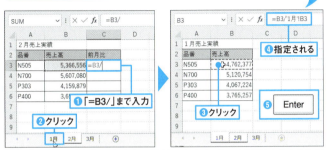

図2 前月比は、「今月の売上高÷前月の売上高」という計算で求められるので、まず今月の売上高を割る数式を「=B3/」まで入力（❶）。そのまま「1月」のシート見出しをクリックする（❷）。するとシートが切り替わるので、割る数としたいB3セルの売上高をクリック（❸）。数式バーを見ると、セルが指定されたことを確認できるので（❹）、「Enter」キーを押して確定する（❺）

図3 数式が完成し、計算結果が表示される。数式バーに表示された数式を見ると、「1月」シートのB3セルは、「'1月'!B3」のように指定されている。Excelでは、シート名の後ろに「!」を付け、続けてセル参照を指定することで、その名前のシートのセルを参照できる。なお、シート名が数字で始まる場合などは、シート名が「'」（半角シングルクォーテーション）で囲まれる

30 基本関数の「SUM」で セル範囲を一発合計

▶ 数値の集計に威力を発揮するのが「関数(かんすう)」です。あらかじめ決められた計算や処理に名前を付け、その名前を数式に書くだけで実行できるスグレモノ。基本から解説します。

	A	B	C
1	店舗	売上高	
2	新宿	7,436,844	
3	池袋	3,759,492	
4	渋谷	4,239,458	
5	合計	15,435,794	
6			
7		売上高の合計を求めたい	

図1 B2〜B4セルに入力された各店舗の売上高をB5セルで合計したい。足し算の数式でも計算できるが、SUM関数を使うとより簡単だ

　図1のような表で売上高の合計を求める場合、「=B2+B3+B4」という数式でも計算はできます。しかし、行数が増えると1つずつ足し算をしていくのは大変です。そんなときはSUM(サム)関数の出番。指定したセル範囲を一発で合計できます。

　関数を使った数式はキーボードからも入力できますが、SUM関数は「ホーム」タブにあるボタンで簡単に入力できます。合計欄のセルを選択して「オートSUM」ボタンを押すと、「=SUM(…)」という数式が自動入力されます(**図2**)。関数の式では、関数名の後ろにかっこを付けて、その中に処理対象の値などを指定します(**図3**)。これを「引数(ひきすう)」といいます。引数の内容は関数ごとに異なり、SUM関数の場合は合計対象とする数値やセル、セル範囲を指定します。「オートSUM」ボタンを使った場合、隣接する数値の範囲が

76　第3章　計算&集計

自動で指定されます。B2〜B4セルなら「B2：B4」という具合です。正しい範囲が指定されていたら、「Enter」キーを押して確定すれば合計が求められます。

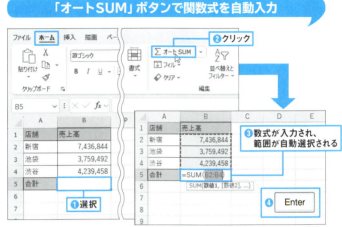

図2 合計を求めたいセルを選択し（❶）、「ホーム」タブにある「オートSUM」ボタンを押すと（❷）、「＝SUM(…)」という数式が自動入力される（❸）。これがSUM関数の式だ。通常は合計対象の範囲も自動選択されるので、間違いなければそのまま「Enter」キーを押して確定すればよい（❹）

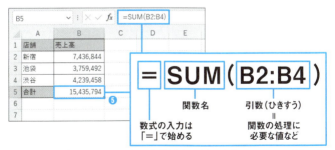

図3 SUM関数では、かっこ内に合計対象の範囲を「B2：B4」のように指定する。このように関数の処理対象などを指定するかっこ内の値を「引数」と呼ぶ。この式はキーボードから手入力しても構わない

31 関数で平均値を計算 最大値や最小値も一発

テストの点数や販売データなどの平均値や最大値／最小値を求めることはよくあります。これにはAVERAGE（アベレージ）関数、MAX（マックス）関数、MIN（ミン）関数を利用します。

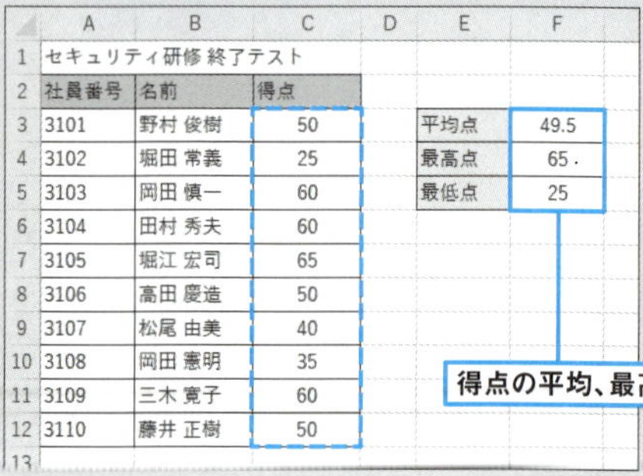

	A	B	C	D	E	F
1	セキュリティ研修 終了テスト					
2	社員番号	名前	得点			
3	3101	野村 俊樹	50		平均点	49.5
4	3102	堀田 常義	25		最高点	65
5	3103	岡田 慎一	60		最低点	25
6	3104	田村 秀夫	60			
7	3105	堀江 宏司	65			
8	3106	高田 慶造	50			
9	3107	松尾 由美	40			
10	3108	岡田 憲明	35			
11	3109	三木 寛子	60			
12	3110	藤井 正樹	50			
13						

図1 テストの点数が記入された表がある。これを基に、平均点や最高点、最低点を求めたい。関数を使えば、データが何件あろうとも簡単だ

平均値、最大値、最小値は、合計に次いでよく行われる集計の代表格です（**図1**）。ExcelではそれぞれAVERAGE関数、MAX関数、MIN関数で簡単に求められます。

「＝」に続けて関数名を入力し始めると、その文字列を含む関数の名前がリスト表示されるので、そこから選ぶのが近道です（**図2**）。関数の入力中は、必要な引数がヒントとして表示されます。AVERAGE、MAX、MINのいずれも、引数は「数値1, 数値2, …」と複数を指定できますが、「数値1」としてセル範囲（ここではC3～C12セル）を指定するだけでよいケースが多いでしょう。「数値2」以下は省略して構いません（**図3**）。なお、関数名を入力するときは大文字でも小文字でもよく、確定すると自動で大文字になります。

関数で平均値、最大値、最小値を求める

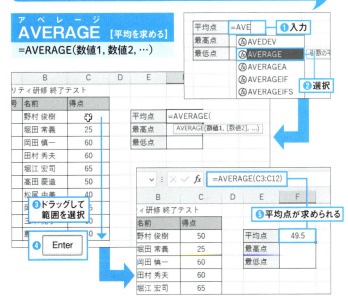

図2 平均点はAVERAGE関数で求められる。セルに「＝AVE…」のように入力し始めると（❶）、関数の候補がリスト表示されるので、マウスでダブルクリックするか、上下の矢印キーで選択して「Tab」キーを押す（❷）。すると関数名と開きかっこが入力されるので、対象範囲をドラッグして選択し（❸）、「Enter」キーを押すと（❹）、平均点が求められる（❺）。「ホーム」タブの「数値」グループにあるボタンで、小数点以下の表示桁数を適宜調整しよう

図3 同様の手順でMAX関数の式を立てれば最高点が、MIN関数の式を立てれば最低点が求められる

32 合計、平均、最大値などは選択するだけで集計可能

> 合計や平均、データの個数、最大値／最小値などは、数式や関数を使わずに求めることもできます。セル範囲を選択するだけで、画面下端の「ステータスバー」に集計結果が表示されます。

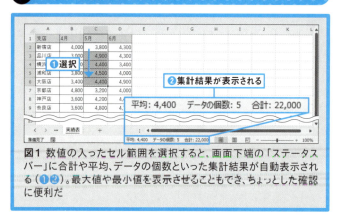

図1 数値の入ったセル範囲を選択すると、画面下端の「ステータスバー」に合計や平均、データの個数といった集計結果が自動表示される（❶❷）。最大値や最小値を表示させることもでき、ちょっとした確認に便利だ

「表の中で、特定の範囲の合計や平均を一時的に確認したい」といったケースがあります。計算結果の表示欄を設けるほどではなく、ちょっとした確認や検算のために、今だけ結果がわかればよいという場合です。

そんなときは、対象の範囲をドラッグして選択し、画面下端にある「ステータスバー」を見てください。「平均」「データの個数」「合計」などが自動集計されているはずです（図1）。表示されていない場合は、右クリックメニューから選択して表示の設定をします（図2）。最新版のExcelでは、表示された結果をクリックすることで、数値をコピーすることもできます（図3）。

右クリックメニューで集計の種類を選べる

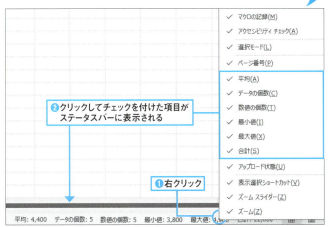

図2 必要な集計結果が表示されていないときは、ステータスバーを右クリックする（❶）。開くメニューに「平均」「データの個数」「数値の個数」などと集計できる項目が一覧表示されるので、知りたい項目を選択してチェックを付けた状態にしよう（❷）。するとステータスバーに表示されるようになる

クリックすれば、集計結果をコピーできる

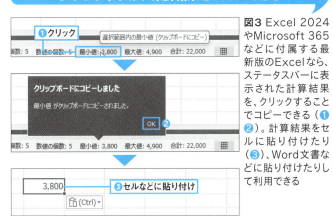

図3 Excel 2024やMicrosoft 365などに付属する最新版のExcelなら、ステータスバーに表示された計算結果を、クリックすることでコピーできる（❶❷）。計算結果をセルに貼り付けたり（❸）、Word文書などに貼り付けたりして利用できる

33

項目別の集計は
ピボットテーブルで一発

商品別の売り上げを求めたり、費目別の経費を算出したりと、データを項目別に集計する機会は少なくありません。Excelには、そのような集計表をワンタッチで作成する機能があります。

	A		申請者	金額		E
1	4月部内経費					
2	日付	費目	申請者	金額		
3	4月1日	交通費	田中	1,280		
4	4月2日	備品代	山本	2,159		
5	4月3日	交際費	山本	2,500		
6	4月4日	資料代	佐藤	1,800		
7	4月6日	交通費	田中	2,100		
8	4月9日	備品代	佐藤	1,100		
9	4月9日	交際費	田中	3,000		
10	4月10日	資料代	山本	2,500		
11	4月11日	交通費	田中	1,840		
12	4月14日	備品代	山本	3,500		

（表上部に「費目別に経費を集計したい」との注記）

図1 左のような経費の一覧表を基に、「交通費」「備品代」といった費目別の経費を集計したい。1つずつデータをピックアップして計算するのは面倒だが、「ピボットテーブル」機能を使えば全自動で計算できる

　上端に列見出し（項目名）が並び、1行に1件ずつデータが入力されている**図1**のような表は、「データベース形式」あるいは「リスト形式」などと呼ばれます。このような形式の表なら、Excelでは「ピボットテーブル」機能を用いて、項目別の集計がごく簡単にできます。

　具体的には、表内のセルを1つ選択して「挿入」タブにある「おすすめピボットテーブル」ボタンを押します。すると、項目別集計表の候補が表示されるので、目当てのものを選択するだけでOKです（**図2**）。わずか数クリックで項目別の集計表が出来上がります。

　なお、集計表の候補に望みのものがない場合は、次項以降の要領で、ピボットテーブルを手動で作成してください。

82　第3章　計算&集計

数クリックで費目別の集計表が出来上がる

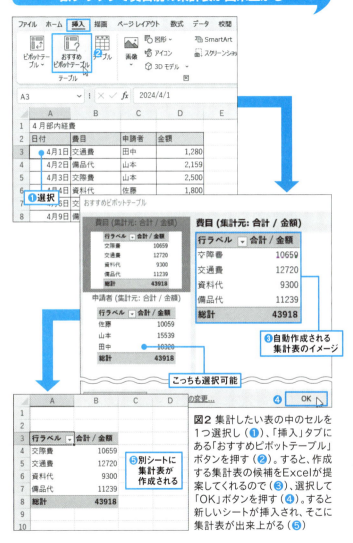

図2 集計したい表の中のセルを1つ選択し(①)、「挿入」タブにある「おすすめピボットテーブル」ボタンを押す(②)。すると、作成する集計表の候補をExcelが提案してくれるので(③)、選択して「OK」ボタンを押す(④)。すると新しいシートが挿入され、そこに集計表が出来上がる(⑤)

34 ピボットテーブルなら クロス集計も簡単

> 経費を費目別かつ申請者ごとに集計したい――。そんなときに威力を発揮するのが「ピボットテーブル」です。集計表をイメージしながら項目をドラッグするだけで、集計表を自動作成できます。

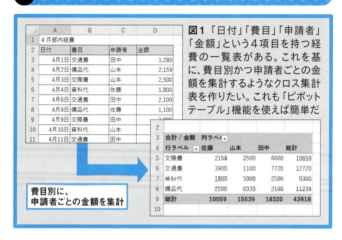

図1 「日付」「費目」「申請者」「金額」という4項目を持つ経費の一覧表がある。これを基に、費目別かつ申請者ごとの金額を集計するようなクロス集計表を作りたい。これも「ピボットテーブル」機能を使えば簡単だ

費目別に、申請者ごとの金額を集計

前項では「おすすめピボットテーブル」機能を使って項目別の集計を行う手順を紹介しました。ただし、「おすすめピボットテーブル」では、Excelが提案する集計表しか作れません。一方、ピボットテーブルを手動で設定する方法を覚えれば、必要な項目を自由に選択して、望み通りの集計表を自動作成できます（図1）。これも意外なほど簡単なので、マスターしておきましょう。

ピボットテーブルを手動で設定するには、「挿入」タブにある「ピボットテーブル」ボタンの上半分をクリックします（図2）。すると、表の範囲と、ピボットテーブルの作成場所を

指定する画面が開きます。

　自動選択された表の範囲が適切であることを確認したら、「新規ワークシート」が選ばれた状態で「OK」ボタンを押しましょう。新しいシートにピボットテーブルの作成場所が用

手動でピボットテーブルを作成する

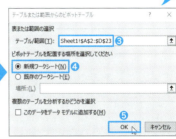

図2 表内のセルを1つ選択し（❶）、「挿入」タブにある「ピボットテーブル」ボタンのアイコン部分をクリックする（❷）。表の範囲が自動選択されるので確認し（❸）、「新規ワークシート」が選ばれた状態で（❹）、「OK」ボタンを押す（❺）

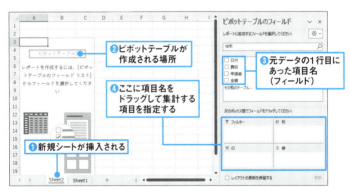

図3 新規シートが挿入され（❶）、ピボットテーブルの作成場所が用意される（❷）。右側に「ピボットテーブルのフィールド」という設定画面が表示され、元表の1行目にあった項目名（フィールド）が一覧表示される（❸）。これを、右下のボックスにドラッグすることで、集計する項目を指定する（❹）

意され、右側には「ピボットテーブルのフィールド」という設定画面が開きます（前ページ**図3**）。この設定画面の上部には、元の表の1行目にあった項目名が一覧表示されます。

これらの項目名を、ドラッグ操作で下部の「行」「列」「値」というボックスに配置していくのが、ピボットテーブルの基

ドラッグ操作で集計する項目を決める

図4「費目」の項目を「行」のボックスへドラッグして登録すると（❶）、ピボットテーブルの行見出しに費目の名前が並ぶ（❷）

図5 続けて「金額」の項目を「値」のボックスへドラッグすると（❶）、各費目の右側に、費目ごとに金額を合計した値が表示される（❷）

本です。作りたい集計表の形をイメージしながら、表の左端に並べたい項目を「行」のボックスへ、金額など集計したい数値の項目を「値」のボックスにドラッグすれば、ひとまず項目別の集計表が出来上がります（**図4、図5**）。

さらに、「列」のボックスにも項目をドラッグすれば、行の項目と列の項目を掛け合わせたクロス集計表の完成です（**図6**）。各ボックスに配置した項目は、設定画面の外へドラッグすることで削除が可能（**図7**）。別の項目に入れ替えて作り直すこともできます。

図6 続けて、「列」のボックスに「申請者」の項目をドラッグして配置する（❶）。これで、行の見出しに費目、列の見出しに申請者を並べた、費目別かつ申請者ごとのクロス集計表が出来上がる（❷）

❷費目別に、申請者ごとの金額をまとめたクロス集計表

項目の削除や入れ替えも可能

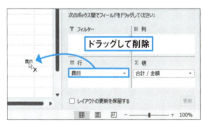

図7「行」や「列」などのボックスに入れた項目を、設定画面の外にドラッグしてマウスのボタンを離すと、その項目を削除してやり直せる。こうして集計表の形を自在に変えながら集計・分析が可能だ

35

参加／不参加の出欠表も ワンタッチで集計

> 「ピボットテーブル」でできることは、数値の合計だけではありません。出欠表に記入された「参加」「不参加」の人数を数えるといった「個数の集計」も可能です。

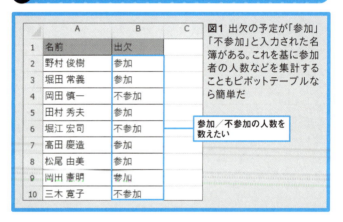

図1 出欠の予定が「参加」「不参加」と入力された名簿がある。これを基に参加者の人数などを集計することもピボットテーブルなら簡単だ

参加／不参加の人数を数えたい

　宴会などの出欠表で「参加」と「不参加」の人数を数えたり、名簿で「男」と「女」の人数を数えたりすることがあります。そんな場面でも「ピボットテーブル」は役立ちます。

　例えば図1のような名簿を基に参加／不参加の人数を集計するには、表を選択して「おすすめピボットテーブル」ボタンを押します（図2）。すると、参加／不参加の人数をそれぞれ数えた集計表が提案されるので、「OK」ボタンを押すだけで集計完了です。

　出来上がったピボットテーブルを選択し、画面右側に表示される「ピボットテーブルのフィールド」ウインドウを確認すると、「値」のボックスには「名前」の項目が指定されてい

ることがわかります（**図3**）。ピボットテーブルでは、数値ではなく文字列の入った項目を「値」ボックスに配置することで、「データの個数」を集計することができます。

文字列の項目は、最初から個数の集計になる

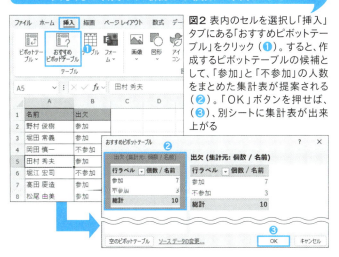

図2 表内のセルを選択し「挿入」タブにある「おすすめピボットテーブル」をクリック（❶）。すると、作成するピボットテーブルの候補として、「参加」と「不参加」の人数をまとめた集計表が提案される（❷）。「OK」ボタンを押せば、（❸）、別シートに集計表が出来上がる

図3 出来上がったピボットテーブルを確認すると、「行」のボックスに「出欠」の項目、「値」のボックスには「名前」の項目が配置されている。実は「値」のボックスに文字列の項目を割り当てると、自動で「データの個数」が集計される。そのため、「名前」の項目を割り当てることで、その個数（人数）を数えられるわけだ。「おすすめピボットテーブル」を使わずに、手動でピボットテーブルを作成しても、同様の集計ができる

36 名簿の「年齢」欄を基に年代別の人数を調べる

顧客名簿などで、「年齢」列を基に年代別の人数を集計し、年齢層の分布を見るようなケースがあります。こうした集計も、ピボットテーブルを使えばマウス操作だけでこなせます。

	A	B	C	D	E	F
1	ID	名前	都道府県	住所	年齢	
2	E001	河野真由美	東京都	港区白金0-00	22	
3	E002	福田章一	東京都	大田区池上0-00	43	
		高橋進	神奈川県	川崎市川崎区池田0-00	64	
		小林佐智子	埼玉県	所沢市東町0-00	15	
		小島恵	埼玉県	川越市旭町0-00	27	
		佐々木美香	東京都	昭島市朝日町0-00	15	

年代別に人数を集計

2		
3	行ラベル	個数 / 名前
4	10-19	17
5	20-29	20
6	30-39	17
7	40-49	23
8	50-59	30
9	60-69	31
10	70-79	27
11	80-89	25
12	総計	190
13		

図1 名簿に「年齢」列を設けていれば、これを基にピボットテーブルを使って年代別の人数を調べ、年齢層の分布を見ることが簡単に可能だ

前項で紹介した通り、ピボットテーブルを使えば、名簿などで項目別の人数を集計することができます。この機能を応用すれば、名簿にある「年齢」列を用いて、10代、20代、30代といった年代別の人数を調べることも可能です（**図1**）。

まずは「挿入」タブの「ピボットテーブル」ボタンをクリックしてピボットテーブルを作成しましょう。「ピボットテーブルのフィールド」ウインドウが開いたら、「年齢」の項目を「行」のボックスに、「名前」の項目を「値」のボックスのドラッグします（**図2**）。「名前」の項目は文字列なので、「値」のボックスに配置すれば人数を数えられることは、前項で解説した通りです。

「ピボットテーブル」を作り、「値」に「名前」をドラッグ

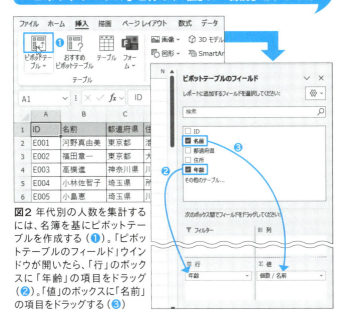

図2 年代別の人数を集計するには、名簿を基にピボットテーブルを作成する（❶）。「ピボットテーブルのフィールド」ウインドウが開いたら、「行」のボックスに「年齢」の項目をドラッグ（❷）。「値」のボックスに「名前」の項目をドラッグする（❸）

図3「値」ボックスに「名前」という文字列の項目を割り当てたので、データの個数が集計される。ただし、集計表の行見出しには、「行」のボックスに配置した「年齢」の項目が1つずつ並んでしまう。これを10歳ずつに区切って分類するには「グループ化」という機能を使う

ただし、これだけでは「年齢」列にある1つひとつの年齢について、人数が数えられてしまいます（前ページ**図3**）。そこで、「グループ化」という機能を用いて、年齢を10歳ずつまとめる必要があります。

　それにはピボットテーブルの行見出しを右クリックして「グループ化」を選びます（**図4**）。開く画面で「先頭の値」と「単位」を指定しますが、ここでは10歳未満の人がいなかったので、「先頭の値」を「10」としました。そして「単位」を「10」とすれば、10歳ずつ区切って集計できるので、10代、20代、30代…とまとめた人数の集計表が出来上がります。

「年齢」を10歳ずつまとめて「グループ化」

図4 年齢が並ぶ行見出し部分を右クリックし（❶）、メニューから「グループ化」を選択（❷）。開く画面で「先頭の値」を適宜指定したら（❸）、「単位」を「10」と指定（❹）。「OK」ボタンを押す（❺）。これで10歳ずつ年齢を区切った集計表になる（❻）

37 合計、平均、件数… 集計方法の変更も簡単

> ピボットテーブルでは、合計、平均、データの個数など、集計方法を手動で変更することもできます。目的に応じた集計表を自動作成できるので、やり方をマスターしておきましょう。

図1 ピボットテーブルを使えば、上のような販売データを基に、取引先別の合計額や平均取引額、取引件数などを自動で集計できる。設定ひとつで集計方法を切り替え可能だ

　ピボットテーブルを用いて数値を項目別に集計すると、標準では「合計」が求められます。このピボットテーブル、実は集計方法を手動で変えることができます。「平均」を求めたり、「個数」を求めたり、「最大値」や「最小値」を求めることもできるのです（**図1**）。それには、集計結果が表示されたセ

ルを右クリックして、メニューから「値フィールドの設定」を選びます（**図2、図3**）。すると、集計方法を指定する画面が開くので、そこで計算の種類を選びます（**図4**）。合計、個数、平均、最大、最小などさまざまな計算ができ、標準偏差や分散を求めることも可能です。

「値フィールドの設定」から集計方法を変更

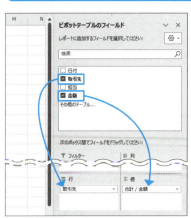

図2 図1左上のような販売データで取引先別の集計を行うには、ピボットテーブルを作成して、「取引先」の項目を「行」のボックスに、「金額」の項目を「値」のボックスに配置する。標準では、これで取引先別の合計額をまとめた集計表が出来上がる

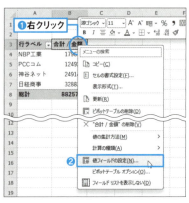

図3 合計以外の集計方法に変更するには、合計が表示されたセルを右クリックし（❶）、メニューから「値フィールドの設定」を選ぶ（❷）

なお、集計方法に平均を選ぶと、結果に小数点以下の端数が生じることがあります。その場合、通常のセルと同様、「ホーム」タブにある「小数点以下の表示桁数を減らす」ボタンなどを使って、表示を調整したり、書式を設定したりすると見やすくなります（**図5**）。

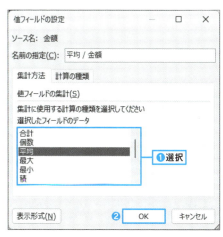

図4 開く画面で集計方法を選択し、「OK」ボタンを押す（❶❷）。集計方法は、合計や平均、データの個数を求める以外に、最大値や最小値を調べることなども可能だ

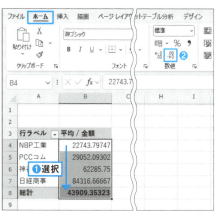

図5 集計方法を「平均」にした場合、小数点以下の端数が生じて結果が見づらくなることがある。その場合は、結果のセルを選択して（❶）、「小数点以下の表示桁数を減らす」ボタンをクリックし（❷）、表示桁数を調整するとよい。ほかの書式も、通常の表と同じように設定できる

38 COUNT系の関数でデータの個数を数える

> データの個数を調べたいとき、"COUNT系"の関数を使う方法もあります。文字や数値をすべて数える関数のほか、数値のみを数える関数や条件を指定して数えらえる関数もあります。

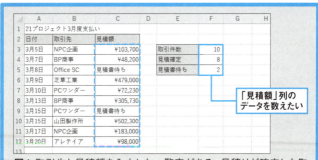

図1 取引先と見積額を入力した一覧表がある。見積りが確定した取引には見積額を入力し、見積りがまだの取引には「見積書待ち」と入力してある。この表を基に、取引の件数と、見積りが確定した件数、見積書待ちの件数をそれぞれ求めたい

　図1のような一覧表で、見積額を入力済みの取引が何件あるか、また見積書待ちの取引が何件あるかを確認したい——。このようなときは関数を使って求めるのが早いです。

　今回利用するのは、COUNTA（カウントエー）関数とCOUNT（カウント）関数。英語の「count」は「数える」という意味ですが、その名の通り、データを数えるための関数には「COUNT」と付くものが多いです。

　COUNTA関数は、文字でも数値でも数式でも、あらゆる「入力済みのセル」を数えます。図1のような表なら、「見積額」列のデータ部分（C3～C12セル）を引数に指定することで、

全部で何件のデータがあるかを数えられます（**図2**）。

　一方のCOUNT関数は、「数値」のみを数えます。今回の表の「見積額」列なら、見積額が入力されたセルだけを数えて、「見積書待ち」という文字列が入力されたセルは数えません。これにより、見積額が確定した取引を数えることができます。

　こうして全体の取引件数と見積額が確定した件数がわかれば、前者から後者を引くことで、「見積書待ち」と記入された件数もわかります。

　そのほか、特定の文字列などを探して数えられるCOUNTIF（カウントイフ）関数もあります。これは次項で紹介します。

COUNTAは全データ、COUNTは数値のみを数える

カウントエー
COUNTA
【入力済みのセルを数える】
=COUNTA(値1, 値2, …)

カウント
COUNT
【数値のセルを数える】
=COUNT(値1, 値2, …)

=COUNTA(C3:C12)
値1
「見積額」列

	B	C	D	E	
1	:クト3月度支払い				
2	取引先	見積額			
3	NPC企画	¥103,700		取引件数	10
4	BP商事	¥48,200		見積確定	8
5	Office SC	見積書待ち		見積書待ち	2
6	芝草工業	¥479,000			
7	PCワンダー	¥72,230		=F3-F4	
8	BP商事	¥305,730			
9	PCワンダー	見積書待ち			
10	山田製作所	¥502,300			
11	NPC企画	¥183,000			
12	アレテイア	¥98,000			

=COUNT(C3:C12)
値1
「見積額」列

図2 取引件数は、COUNTA関数の引数に「見積額」列のデータ部分全体を指定して入力済みのデータを数えればわかる（F3セル）。見積り額が確定した件数は、同じ範囲を対象にCOUNT関数で「数値」だけを数えればわかる（F4セル）。全体の数から数値の数を引けば、「見積書待ち」と入力されたセルの数がわかる（F5セル）

39 地域別の人数など条件に合うデータを数える

> COUNTIF（カウントイフ）関数を使うと、特定の条件に合致するデータを数えられます。「〇〇を含む」「〇〇より大きい」といったさまざまな条件を指定して集計が可能です。

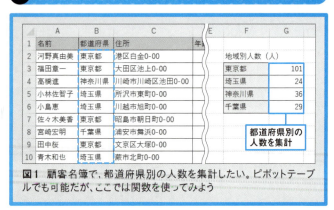

図1 顧客名簿で、都道府県別の人数を集計したい。ピボットテーブルでも可能だが、ここでは関数を使ってみよう

顧客名簿で、地域別、男女別、年代別などで人数を集計することがあります。人数を数えるということは、データの個数を数えるということ。特定の条件に合致するデータを数えるには、COUNTIF関数を使います。

図1のように、集計表の行見出しに条件となる都道府県名があるなら、そのセルを引数「検索条件」に指定するのが簡単です。また引数「範囲」に「B列全体」を指定すると、数式のコピー時に楽だし、追加データにも対応できます（図2）。

COUNTIF関数の「検索条件」には、「任意の文字列」を表すワイルドカード「*」も使えます。例えば「"港区*"」のように指定すれば、「『港区』で始まる」という条件で検索し、港

特定の文字列はCOUNTIF関数で集計

COUNTIF 【条件に合うデータの個数を調べる】

=COUNTIF(範囲, 検索条件)

=COUNTIF（B:B , F3）

範囲
B列全体

検索条件「東京都」

	A	B	C
1	名前	都道府県	住所
2	河野真由美	東京都	港区白金
3	福田章一	東京都	大田区池
4	高橋進	神奈川県	川崎市川
5	小林佐智子	埼玉県	所沢市東
6	小島恵	埼玉県	川越市旭
7	佐々木美香	東京都	昭島市朝
8	宮崎宏明	千葉県	浦安市舞
9	田中桜	東京都	文京区大
10	青木和也	埼玉県	蕨市北町
11	橋本浩	東京都	千代田区

	F	G
	地域別人数（人）	
	東京都	101
	埼玉県	24
	神奈川県	36
	千葉県	29
	コピー	

図2 特定の文字列が入ったセルを数えるには、COUNTIF関数を使う。引数「範囲」に調べる列、「検索条件」に探す文字列を指定すると、該当するセルを数えられる。ここでは「範囲」を「B：B」のように指定して「B列全体」とした。図の式を下にコピーすれば、ほかの県の人数もわかる

ワイルドカードも使用できる

=COUNTIF（C:C , "港区*"）

範囲
C列全体

検索条件
「港区」で始まる

B	C	D	E	F	G
都道府県	住所	年齢			
東京都	港区白金0-00	22		区別人数（人）	
東京都	大田区池上0-00	43		港区	11
神奈川県	川崎市川崎区池田0-00	64		中央区	
埼玉県	所沢市東町0-00	15		文京区	
埼玉県	川越市旭町0-00	27		千代田区	
東京都	昭島市朝日町0-00	15			
千葉県	浦安市舞浜0-00	83			
東京都	文京区大塚0-00	50			
埼玉県	蕨市北町0-00	68			
東京都	千代田区中段北0-00	78			

図3 C列の「住所」列を頼りに、「港区在住者の人数」を調べるには、引数「検索条件」を図のように指定する。「*」は「任意の文字列」を意味するワイルドカード。「港区*」で「『港区』で始まる」の意味になる。これを引数に書き込む場合は、「"」で囲む

区在住者の人数を調べられます（前ページ**図3**）。セルを参照しながらワイルドカードを指定する場合は、「F3&"*"」のように「*」だけを「"」で囲み、「&」を使ってセル参照と結合します（**図4**）。不等号などを使った「～以上」「～未満」といった条件も指定できます（**図5**、**図6**）。

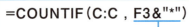

さまざまな検索条件の指定方法がある

図4 F3セルに入力された「港区」を参照して「検索条件」を指定するには、「F3&"*"」のように指定する。この式をコピーすれば、「F3」の部分が1行ずつずれて、各行の区名で始まる住所を条件にできる

条件の意味	入力例
～と等しい	"PC"
～で終わる	"*PC"
～を含む	"*PC*"
～と異なる	"<>PC"
～以上	">=100"

条件の意味	入力例
～より大きい	">100"
～以下	"<=100"
～より小さい	"<100"
指定セルと等しい	A1
指定セルより小さい	"<"&A1

図5 COUNTIF関数で「検索条件」を指定する方法。次項で取り上げるSUMIF関数でも同様だ

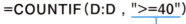

図6 数値の大きさを「検索条件」に指定する場合は、不等号の右側に数値を記入して、全体を「"」で囲む。「40以上」なら「">=40"」のように指定する

100　第3章　計算&集計

40

条件に合うデータを合計
担当者別の集計も一発

> 「担当」「地区」「売上額」などを1行ずつ入力したデータを基に、担当者別や地区別の売上合計を求めたい——。ピボットテーブルを使う方法もありますが、関数を使った数式でも集計できます。

	A	B	C	D	E	F	G	H
1	ID	担当	地区	売上額				
2	A001	太田	北部	133,900		担当者	売上合計	
3	A002	伊藤	南部	132,100		鈴木	1,762,300	
4	A003	鈴木	北部	254,600		阿部	1,428,400	
5	A004	阿部	南部	204,100		伊藤	590,700	
6	A005	鈴木	北部	218,900		太田	1,359,400	
7	A006	太田	北部	229,400				
8	A007	鈴木	北部	256,800				
9	A008	阿部	北部	205,300		売上額を担当者別に合計したい		
10	A009	鈴木	南部	259,600				
11	A010	阿部	南部	221,700				

図1「担当」「地区」「売上額」などの項目を1行ずつ入力したデータがある。これを基に、売上額を担当者別に合計したいとき、ピボットテーブルではなくSUMIF関数を使うのも手だ

　売上データを基に「担当者ごとの合計額」といった項目別の集計を行いたいとき、「ピボットテーブル」を使う方法もありますが、関数を使った数式で集計することもできます。関数を使う方法は、好きなセルで好きな体裁の表を作れるなど、自由度が高いのがメリットです（**図1**）。

　項目別の合計を求めるのに使うのが、SUMIF（サムイフ）関数です。英語の「SUM」は「合計する」、「IF」は「もし〜なら」という意味を持ちます。つまりSUMIFは、「もし条件を満たすなら合計する」という働きをする関数だと思ってください。引数「範囲」に検索したい列、「検索条件」に探したい

データを指定し、「合計範囲」に集計する数値の入った列を指定します（**図2**）。

「検索条件」は、「"鈴木"」のように直接入力しても構いません。その場合は「"」（半角ダブルクォーテーション）で囲む必要があるので注意してください。条件にする文字列を入力したセルがあるなら、そのセルを参照するほうが簡単です。

項目別に合計するにはSUMIF関数を使う

SUMIF 【条件に合うデータを合計する】
サ ム イ フ

=SUMIF(範囲, 検索条件, 合計範囲)

=SUMIF（B2:B26 ， F3 ， D2:D26）

範囲「担当」列　検索条件「鈴木」　合計範囲「売上額」列

図2 SUMIF関数は、引数「範囲」に検索する列、「検索条件」に探したいデータ、「合計範囲」に集計する数値の列を指定する。図の例は、「担当」列で「鈴木」を探し、見つかった行の「売上額」を合計している

	A	B	C	D	E	F	G
1	ID	担当	地区	売上額			
2	A001	太田	北部	133,900		担当者	売上合計
3	A002	伊藤	南部	132,100		鈴木	1,762,300
4	A003	鈴木	北部	254,600		阿部	
5	A004	阿部	南部	204,100		伊藤	
6	A005	鈴木	北部	218,900		太田	
7	A006	太田	北部	229,400			
8	A007	鈴木	北部	256,800			
9	A008	阿部	北部	205,300			
24	A023	太田	北部	215,200			
25	A024	鈴木	南部	215,200			
26	A025	阿部	北部	145,400			
27							

❶=SUMIF($B$2:$B$26, F3, $D$2:$D$26)

	A	B	C	D	E	F	G
1	ID	担当	地区	売上額		担当者	売上合計
2	A001	太田	北部	133,900		鈴木	1,762,300
3	A002	伊藤	南部	132,100		阿部	1,428,400
4	A003	鈴木	北部	254,600		伊藤	590,700
5	A004	阿部	南部	204,100		太田	1,359,400
6	A005	鈴木	北部	218,900			
7	A006	太田	北部	229,400			

❷コピー

図3 図2の式の引数「範囲」と「合計範囲」を絶対参照にして固定し（❶）、下のセルにコピーすると（❷）、「検索条件」のみ1行ずつずれて、各担当者の売上額を合計できる

図2のようなSUMIF関数の式で1人目の担当者を合計したら、この式をコピーしてほかの担当者の合計も求めましょう。その際は、引数「範囲」と「合計範囲」は固定したままコピーできるように、「$」記号を付けて絶対参照にします（**図3**）。

SUMIF関数と似た働きをする、AVERAGEIF（アベレージイフ）という関数もあります。「AVERAGE」と「IF」を組み合わせた名前の通り、「もし条件を満たすなら平均する」という集計ができます。引数の指定方法は、SUMIF関数と同じです（**図4**）。

項目別の平均はAVERAGEIF関数で求める

アベレージイフ
AVERAGEIF 【条件に合うデータを平均する】
=AVERAGEIF（範囲, 条件, 平均対象範囲）

－AVERAGEIF（B2:B26 , F3 , D2:D26）

範囲「担当」列　　条件「鈴木」　　平均対象範囲「売上額」列

	A	B	C	D	E	F	G	H	I
1	ID	担当	地区	売上額		担当者	平均売上		
2	A001	太田	北部	133,900		鈴木	220,288		
3	A002	伊藤	南部	132,100		阿部			
4	A003	鈴木	北部	254,600		伊藤			
5	A004	阿部	南部	204,100		太田			
6	A005	鈴木	北部	218,900					
7	A006	太田	北部	229,400					
8	A007	鈴木	北部	256,800					
9	A008	阿部	北部	205,300					
23	A022	阿部	北部	215,000					
24	A023	太田	北部	215,200					
25	A024	鈴木	南部	215,200					
26	A025	阿部	北部	145,400					

図4 SUMIF関数の仲間であるAVERAGEIF関数を使うと、条件に合うデータのみをピックアップして、その平均値を求められる。引数の指定方法はSUMIF関数と同じ。上記の式の引数「範囲」と「平均対象範囲」を絶対参照にしてコピーすれば、ほかの担当者の平均も求められる

41

数値の端数を四捨五入
切り上げや切り捨ても

> 「小数点以下を切り捨てる」「十の位を四捨五入する」などの端数
> 処理は、ビジネスにおいて日常茶飯事です。いずれも"ROUND系"
> の関数を使えば、簡単に処理することができます。

	A	B	C	D	E	F
1	価格早見表					
2	品番	通常価格	30％引き	100円未満四捨五入		
3	PC2000	35,300	24,710	24,700		
4	PC3100	18,800	13,160	13,200		
5	NP500B	15,900	11,130	11,100		
6	NP500L	29,500	20,650	20,700		
7	BM440	45,200	31,640	31,600		
8						

30％引き価格の
100円未満を
四捨五入する

図1 通常価格を「30％引き」にしたセール価格がある（C列）。その
100円未満を四捨五入して、100円単位の販売価格を設定したい
（D列）。このような端数処理も関数を使えば簡単だ

　100円未満を四捨五入して100円単位にしたい――。この
ようなとき活躍するのが、「ROUND」で始まる関数（**図1**）。
文字通り、数値を丸める働きをします。

　数値を四捨五入するときに使うのが、ROUND（ラウンド）
関数です。引数に指定した「数値」を、指定した「桁数」で四
捨五入できます（**図2**）。「桁数」の指定方法は**図3**の通り。
100円未満を四捨五入するなら「桁数」を「－2」と指定しま
す。整数桁を処理するときはマイナスの数値、小数点以下を
処理するときにはプラスの数値で指定するのがポイントです。

　端数を切り上げるときに使うROUNDUP（ラウンドアッ
プ）関数と、切り捨てるときに使うROUNDDOWN（ラウン
ドダウン）関数も、使い方は共通です（**図4**）。

「ROUND」で始まる3つの関数で端数処理

ROUND 【四捨五入する】
ラウンド

=ROUND（数値, 桁数）

=ROUND（ C3 ， －2 ）

数値　桁数

	A	B	C	D	E	F
1	価格早見表					
2	品番	通常価格	30%引き	100円未満四捨五入		
3	PC2000	35,300	24,710	24,700		
4	PC3100	18,800	13,160	13,200		
5	NP500B	15,900	11,130	11,100		
6	NP500L	29,500	20,650	20,700		
7	BM440	45,200	31,640	31,600		
8						

コピー

図2 C列の価格の100円未満を四捨五入して、100円単位にするにはROUND関数を使い、引数「桁数」を「－2」と指定すればよい

引数「桁数」	処理する位	「123.4567」の場合
－2	十の位	100
－1	一の位	120
0	小数点第1位	123
1	小数点第2位	123.5
2	小数点第3位	123.46
3	小数点第4位	123.457

図3 ROUND関数の引数「桁数」は、整数桁を処理するときにはマイナスの値、小数点第1位を処理して整数化するときは「0」、小数点以下の桁を処理するときにはプラスの値を指定する

ROUNDUP 【切り上げる】
ラウンドアップ

=ROUNDUP（数値, 桁数）

ROUNDDOWN 【切り捨てる】
ラウンドダウン

=ROUNDDOWN（数値, 桁数）

	C	D	E	F	G
1					
2	30%引き	100円未満四捨五入	100円未満切り上げ	100円未満切り捨て	
3	24,710	24,700	24,800	24,700	
4	13,160	13,200	13,200	13,100	

=ROUNDUP（C3,－2）

=ROUNDDOWN（C3,－2）

図4 端数を切り上げたいときはROUNDUP関数、切り捨てたいときはROUNDDOWN関数を使う。使い方はROUND関数と同じだ

42

「12の倍数」などへ換算
任意の単位で端数処理

> 1ケース12個入りの商品が500個必要だが、注文はケース単位でしかできない——。こんなときも、Excelを使えば何ケース注文すればよいかを即座に計算できます。

	A	B	C	D
1	注文数の計算			
2	品番	1ケース個数	必要数	
3	PC2000	12	500	
4	PC3100	20	500	
5	NP500B	24	500	
6	NP500L	8	500	
7	BM440	15	500	
8				

図1 1ケース12個入りの商品が500個必要なとき、何ケース注文すればよいか——。関数を使えばそんな計算も自動化できる

> ケース単位で注文する場合、何ケース必要?

　例えば、1ケースに12個入っている商品をケース単位でしか注文できない場合、必要な数を満たすには、必要数以上で最も近い「12の倍数」を注文します（**図1**）。このような「基準値の倍数への切り上げ」に使うのが、CEILING.MATH（シーリング・マス）関数です（**図2**）。引数「数値」に必要数、「基準値」に1ケース当たりの個数を指定すれば、1ケース当たりの個数の倍数へと切り上げられます。その結果を1ケース当たりの個数で割れば、ケース数を求められます。

　ケース単位での注文とは別に単品でも注文できる場合は、必要数以下で最も近い「12の倍数」に切り下げた数をケース単位で、残りを単品で注文します。こうした切り下げに使うのがFLOOR.MATH（フロア・マス）関数です（**図3**）。その結果を1ケース当たりの個数で割ればケース数が、必要数か

ら引けば単品の注文数がわかります。

　天井（CEILING）側へ切り上げる関数と床（FLOOR）側へ切り下げる関数として、セットで覚えておきましょう。

任意の単位で切り上げるCEILING.MATH関数

シーリング・マス
CEILING.MATH 【基準値の倍数に切り上げる】
=CEILING.MATH（数値, 基準値, モード）

	A	B	C	D	E	F	G	H
1	注文数の計算							
2	品番	1ケース個数	必要数	ケース単位に切り上げ	ケース数			
3	PC2000	12	500	504	42			
4	PC3100	20	500	500	25			

=D3/B3

図2 1ケース12個入りの商品をケース単位で発注するような場合、CEILING.MATH関数を使って「必要数」に最も近い

=CEILING.MATH（C3 , B3）
数値　基準値

「1ケース個数」の倍数に切り上げれば発注数がわかる（引数「モード」は省略）。それを「1ケース個数」で割ることで、「ケース数」を求められる

任意の単位で切り下げるFLOOR.MATH関数

フロア・マス
FLOOR.MATH 【基準値の倍数に切り下げる】
=FLOOR.MATH（数値, 基準値, モード）

	A	B	C	D	E	F	G	H
1	注文数の計算							
2	品番	1ケース個数	必要数	ケース単位に切り下げ	ケース数	単品数		
3	PC2000	12	500	492	41	8		
4	PC3100	20	500	500	25	0		

=D3/B3

=C3-D3

図3 ケース単位の発注とは別に単品での注文も可能な場合は、FLOOR.MATH関数を使って「必要数」に最も近い「1ケー

=FLOOR.MATH（C3 , B3）
数値　基準値

ス個数」の倍数に切り下げる（引数「モード」は省略）。それを「1ケース個数」で割れば「ケース数」、「必要数」から引けば「単品数」を求められる

43

生年月日から年齢を計算
「○年○カ月」の表示も

> Excelは日付データも扱えるので、年数や月数を計算することもできます。生年月日や入社日を基に年齢や勤続年数を調べたりするには、DATEDIF（デイトディフ）関数を使うのが簡単です。

	A	B	C	D	E
1				本日：	2025/3/15
2	名前	生年月日	入社日	年齢	勤続年数
3	鈴木 春樹	1985/5/1	2008/4/1	39	16年10カ月
4	石井 憲作	1995/2/19	2018/9/1	29	6年5カ月
5	小林 博	1999/9/12	2023/4/1	25	1年10カ月
6	岩村 美鈴	1972/11/3	1999/8/1	52	25年6カ月
7	安永 秀彦	1990/11/8	2020/11/1	34	4年3カ月
8					
9				年齢や勤続年数を計算	
10					
11					
12					

図1 B列にある生年月日を基に今日時点の年齢をD列に求めたい。また、C列の入社日を基に今日時点の勤続年数を「○年○カ月」の形でE列に表示したい

　社員名簿に、社員の年齢や勤続年数も表示したい場合があります（**図1**）。こんなときに活躍するのがDATEDIF関数。指定した2つの日付の期間の長さを調べて、年数や月数、日数など特定の単位で表示する関数です[注1]。

　今日の日付は、TODAY（トゥデイ）関数で求められます（**図2**）。DATEDIF関数の引数「開始日」に生年月日、「終了日」にTODAY関数を入れたセルを指定すれば、今日時点での満年齢を自動計算できます（**図3**）。年齢は年数なので、「単位」は「"Y"」と指定します。今回の名簿では、E1セルに今日の日付を求めたので、引数「終了日」の「E1」を絶対参照にしてコピーすれば、全員の年齢を一気に求められます（**図4**）。

　勤続年数も同様です。「開始日」に入社日、「終了日」に今日の日付を指定すれば、勤続年数を計算できます。「○年○カ月」

「今日の日付」はTODAY関数で表示できる

TODAY 【今日の日付を表示する】
（トゥディ）
=TODAY()

	C	D	E	F
		本日：	2025/3/15	
	入社日	年齢	勤続年数	
	2008/4/1			
	2018/9/1			
	2023/4/1			

=TODAY()

図2 TODAY関数を使うと、パソコンの内蔵時計の情報を基に、今日の日付を自動表示できる。引数は不要だが、かっこは付ける必要がある

DATEDIF関数で年数や月数を求める

DATEDIF 【期間の長さを調べる】
（デイト ディフ）
=DATEDIF(開始日, 終了日, 単位)

=DATEDIF(B3, $E$1, "Y")
　　　　　開始日　終了日　単位

図3 DATEDIF関数を使うと、「開始日」から「終了日」までの期間の長さを、指定した単位で求められる。年数を求めるには「"Y"」と引数「単位」に指定する。「開始日」を生年月日、「終了日」を今日の日付にすれば、今日時点の年齢を計算できる

	A	B	C	D	E	F
1				本日：	2025/3/15	
2	名前	生年月日	入社日	年齢	勤続年数	
3	鈴木 春樹	1985/5/1	2008/4/1	39		
4	石井 憲作	1995/2/19	2018/9/1			

	A	B	C	D	E	F
1				本日：	2025/3/15	
2	名前	生年月日	入社日	年齢	勤続年数	
3	鈴木 春樹	1985/5/1	2008/4/1	39		
4	石井 憲作	1995/2/19	2018/9/1	30		
5	小林 博	1999/9/12	2023/4/1	25	コピー	
6	岩村 美鈴	1972/11/3	1999/8/1	52		
7	安永 秀彦	1990/11/8	2020/11/1	34		
8						

図4 図3のDATEDIF関数式では、「終了日」にTODAY関数の式を入れたE1セルを指定している。「$」記号を付けて絶対参照にしたので、下方にコピーすれば、ほかの人の年齢も計算できる

［注1］DATEDIF関数は、他の表計算ソフトとの互換性を維持するために用意された関数なので、「関数の挿入」画面の一覧には表示されない

と表示したければ、DATEDIF関数の引数「単位」に「"YM"」と指定して、年数を除いた月数を求めます（**図5**）。すると「○カ月」を表す数値を求められるので、「&」記号を使って「カ月」などの文字列を結合します（**図6**）。

ちなみに日数は、単なる引き算でも計算可能です（**図7**）。

DATEDIF関数の引数「単位」の指定方法

単位	意味
"Y"	期間内の年数
"M"	期間内の月数
"D"	期間内の日数

単位	意味
"MD"	年月を除いた日数
"YM"	年数を除いた月数
"YD"	年数を除いた日数

図5 DATEDIF関数の引数「単位」に指定する文字列。年数を除いた月数は「"YM"」で求められる［注2］

`=DATEDIF(C3,$E$1,"Y")&"年"&DATEDIF(C3,$E$1,"YM")&"カ月"`

	A	B	C	D	E	F
1					本日：	2025/3/15
2	名前	生年月日	入社日	年齢	勤続年数	
3	鈴木 春樹	1985/5/1	2000/4/1	39	16年11カ月	
4	石井 憲作	1995/2/19	2018/9/1	30	6年6カ月	
5	小林 博	1999/9/12	2023/4/1	25	1年11カ月	
6	岩村 美鈴	1972/11/3	1999/8/1	52	25年7カ月	コピー
7	安永 秀彦	1990/11/8	2020/11/1	34	4年4カ月	

図6 引数「単位」に「"Y"」と「"YM"」をそれぞれ指定すると、年数と、残りの月数を計算できる。「&」記号を使って「年」と「カ月」の文字列を結合する式を立てれば、「○年○カ月」という形で勤続年数を表示できる

日数は引き算でも計算できる

`=B3-$B$1`

図7 単なる日数であれば、引き算でも計算できる。B1セルにTODAY関数の式が入っているとき、図の式でB列の「締め切り日」までの日数を計算できる

［注2］引数「単位」に「"MD"」または「"YD"」を指定した場合、一部不正確な結果を返すという不具合が指摘されている

第 4 章

データの整理

44 データ整理の基本「並べ替え」を賢く使う

ばらばらに入力されたデータを整理するときの基本操作が「並べ替え」です。数値の大きい順などに並べたい場合だけでなく、同じグループのデータをひとまとめにしたいときにも役立ちます。

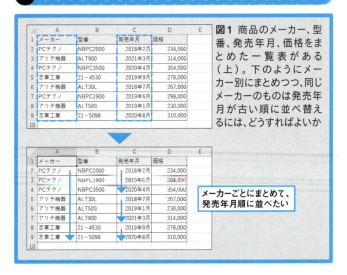

図1 商品のメーカー、型番、発売年月、価格をまとめた一覧表がある（上）。下のようにメーカー別にまとめつつ、同じメーカーのものは発売年月が古い順に並べ替えるには、どうすればよいか

「並べ替え」が威力を発揮するのは、数値の大きい順（降順）や小さい順（昇順）に表を並べ替えるときだけではありません。メーカー名や商品名などの文字列を基準にして並べ替えれば、同じメーカー名や商品名が連続して並ぶので、ばらばらのデータをまとめて整理したいときに役立ちます。「メーカー名でまとめつつ、同じメーカーの商品は発売年月が古い順に並べる」といった複数の項目（列）を基準にした並べ替えも可能です（**図1**）。

並べ替えの基準が1つのときは簡単です。基準にしたい列の見出しをクリックして選択して、「ホーム」タブにある「並べ替えとフィルター」ボタンのメニューから「昇順」または「降順」を選べばOKです（図2）。

複数の項目（列）を基準にする場合は、同じメニューにある「ユーザー設定の並べ替え」を選びましょう（次ページ図3）。すると「並べ替え」画面が開き、基準にする列を複数指定して、その優先順位を決められます。図1のように「メーカー」別にまとめつつ、同じメーカーの中では「発売年月」が古い順に並べるなら、「最優先されるキー」として「メーカー」、「次に優先されるキー」として「発売年月」を選びます（図4、図5）。「昇順」にするか「降順」にするかをそれぞれ指定して「OK」を押せば、図1下のような結果になります。

なお、この例で「発売年月」の列は日付データになっているため、図5の「順序」欄は「古い順」（昇順）か「新しい順」（降順）かを選ぶ形になっています。

1つの基準で並べ替えるのは簡単

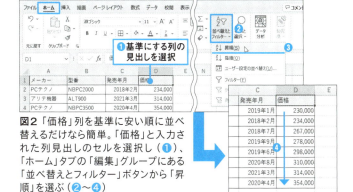

図2 「価格」列を基準に安い順に並べ替えるだけなら簡単。「価格」と入力された列見出しのセルを選択し（❶）、「ホーム」タブの「編集」グループにある「並べ替えとフィルター」ボタンから「昇順」を選ぶ（❷～❹）

複数の項目を基準に優先順位を決めて並べ替え

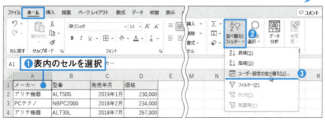

図3 表内のセルを1つ選択し（❶）、「ホーム」タブの「編集」グループにある「並べ替えとフィルター」ボタンをクリック（❷）。メニューから「ユーザー設定の並べ替え」を選ぶ（❸）

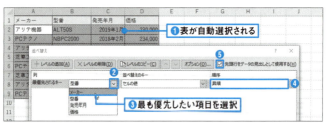

図4 表が自動選択され（❶）、「並べ替え」画面が開く。左端の「列」欄で「最優先されるキー」の「∨」をクリックし（❷）、「メーカー」を選択（❸）。「順序」欄で「昇順」を選ぶ（❹）。なお、「列」欄のメニューに項目名（見出し）が表示されないときは、「先頭行をデータの見出しとして使用する」にチェックを付ける（❺）

図5「レベルの追加」ボタンを押すと（❶）、「列」欄に「次に優先されるキー」という項目が追加されるので、「∨」をクリックして「発売年月」を選択（❷❸）。「順序」を「古い順」と指定し（❹）、「OK」ボタンを押す（❺）

「左から大きい順」もOK 列単位で横方向に並べ替え

通常の「並べ替え」機能は行単位で縦方向に並べ替えるものですが、表を列単位で横方向に並べ替えたいケースもあるでしょう。オプションの設定を変えれば、そのような並べ替えも可能です。

図1 年が古い順に左から右へと並んだ実績表がある（上）。これを、年が新しい順になるように並べ替えたい（下）。こうした列の「並べ替え」も実は可能だ

　一番右端が最新のデータになっている時系列の表を、一番左が最新になるように並べ替えるケースを考えてみましょう（図1）。1列目の行見出しは除外して表を範囲選択し、「ホーム」タブの「並べ替えとフィルター」ボタンから「ユーザー設定の並べ替え」を選びます（次ページ図2）。

　「並べ替え」画面が開いたら、「オプション」をクリック。開く設定画面の「方向」欄で「列単位」を選択します（図3）。すると「最優先されるキー」の項目の選択肢に「行2」「行3」「行4」…などと行番号が表示されるので、並べ替えの基準にしたいデータがある行の番号を選びます（図4）。この行番号は、選択範囲の上から何行目かではなく、シートの行番号なので

115

注意してください。あとは「順序」を「昇順」（小さい順）とするか「降順」（大きい順）とするかを選んで「OK」ボタンを押せば、選択した範囲が列単位で並べ替えられます。

「並べ替え」画面の「オプション」から「列単位」を選ぶ

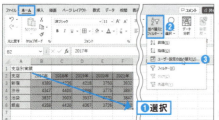

図2 表の列を並べ替えるには、並べ替えたい範囲を選択したうえで（❶）、「ホーム」タブの「編集」グループにある「並べ替えとフィルター」ボタンをクリック（❷）。「ユーザー設定の並べ替え」を選ぶ（❸）

図3「並べ替え」画面が開いたら、「オプション」ボタンをクリック（❶）。開く画面の「方向」欄を「列単位」に変更し（❷）、「OK」ボタンを押す（❸）

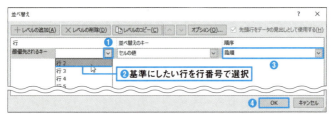

図4 左端が「行」欄に変わり、「最優先されるキー」の「∨」をクリックすると（❶）、「行2」「行3」などと候補が表示される。ここから並べ替えの基準にしたい行を、シートの行番号で指定する（❷）。「順序」を「降順」と指定し（❸）、「OK」ボタンを押す（❹）

46 「フィルター」機能で手早くデータを絞り込む

> 名簿の中から東京都在住の人だけをピックアップしたい――。そんなときに活躍するのが「フィルター」機能です。条件に合致するデータを素早く抽出し、一覧することができます。

	A	B	C	D	E
1	ID	名前	都道府県	住所	年齢
2	E001	河野真由美	埼玉県	川越市旭町X-XX	22
3	E002	福田章一	東京都	昭島市朝日町X-XX	43
4	E003	髙嬬進	千葉県	浦安市舞浜X-XX	64
5	E004	小林佐智子	東京都	文京区大塚X-XX	15
6	E005	小島恵	東京都	港区白金X-XX	27
7	E006	佐々木美香	東京都	大田区池上X-XX	15
8	E007	宮崎宏明	神奈川県	川崎市川崎区池田X-XX	83
9	E008	田中桜	埼玉県	所沢市東町X-XX	50
10	E009	青木和也	埼玉県	蕨市北町X-XX	68
11	E010	橋本浩	東京都	千代田区九段X-XX	79
12	E011	加藤貴文	東京都	中央区人船X-XX	
13	E012	斎藤姫子	神奈川県		
14	E013	加藤沙保里	東		
15	E014	池田豊			

図1 住所や年齢を記入した顧客名簿がある（上）。この中から、「東京都在住の20代」の顧客だけを抽出したい（下）。そんなデータの絞り込みも簡単だ

「都道府県」が「東京都」、「年齢」が20代の顧客を抽出

	A	B	C	D	E
1	ID	名前	都道府県	住所	年齢
6	E005	小島恵	東京都	港区白金X-XX	27
29	E028	小川幸夫	東京都	江戸川区一之江X-XX	21
37	E036	安藤洋子	東京都	板橋区稲荷台X-XX	20
50	E049	青木和也	東京都	北区赤羽北X-XX	29
61					

Excelには、指定した条件に合致するデータのみを抽出する「フィルター」という機能があります。これを使えば、顧客名簿から「東京都在住の20代」のデータのみに絞り込むといった操作が、ごく簡単にできます（**図1**）。

この機能を使うには、先頭行が項目名（列見出し）になっていて、2行目以下にデータが「1行に1件」のルールで入力されている必要があります。いわゆる「データベース形式」または「リスト形式」と呼ばれる表です。

表内のセルを1つ選択して、「ホーム」タブにある「並べ替えとフィルター」ボタンから「フィルター」を選ぶと、1行目にある列見出しの各セルに「▼」ボタンが付きます（**図2**）。これをクリックするとメニューが開き、その列に入力されているデータがリストアップされます（**図3**）。そこで抽出したいものにチェックを付けて「OK」を押すことで、そのデータのみに絞り込める仕掛けです。

「フィルター」を実行すると「▼」ボタンが付く

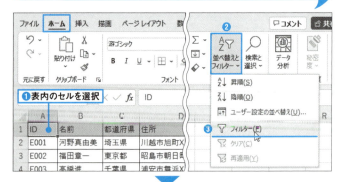

図2 フィルター機能を使うには、表内のセルを1つ選択し（❶）、「ホーム」タブの「編集」グループにある「並べ替えとフィルター」ボタンをクリック（❷）。開くメニューで「フィルター」を選ぶ（❸）。すると、列見出しの各セルに「▼」ボタンが付く（下）

図3では「都道府県」列の「▼」をクリックして、メニューに表示された都道府県名のうち「東京都」だけにチェックを付けて「OK」を押しました。フィルターは、条件に合うデータ以外を折り畳んで隠すことで結果を表示する仕組みなので、ほかのデータは消えたわけではありません（図4）。

　絞り込んだ結果に対し、さらに条件を追加することもできます。ここでは図4の状態のまま、「年齢」の項目にある「▼」をクリックし、「数値フィルター」を選びます。すると、「指

「▼」ボタンから抽出条件に「東京都」を指定

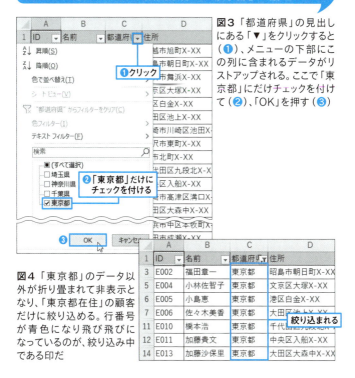

図3「都道府県」の見出しにある「▼」をクリックすると（❶）、メニューの下部にこの列に含まれるデータがリストアップされる。ここで「東京都」にだけチェックを付けて（❷）、「OK」を押す（❸）

図4「東京都」のデータ以外が折り畳まれて非表示となり、「東京都在住」の顧客だけに絞り込める。行番号が青色になり飛び飛びになっているのが、絞り込み中である印だ

定の値以上」「指定の値より小さい」などのメニューが表示されるので、「指定の範囲内」を選びます（**図5**）。

開く画面で「20」「以上」、「29」「以下」のように指定すれば、20〜29歳の顧客に絞り込めます（**図6**）。これで先ほどの「東京都」という条件と合わせて、図1下のような「東京都在住の20代」のデータのみになります。

「『さいたま市』を含む」のように、文字列の一部だけを指定して絞り込むこともできます。「▼」ボタンのメニューの中ほどにある入力欄に文字列を入力すると、その文字列を含む

数値の範囲を指定して「20代」に絞り込む

図5 さらに「年齢」を20代に絞り込むには、列見出しの「▼」をクリックし（❶）、「数値フィルター」→「指定の範囲内」を選ぶ（❷❸）

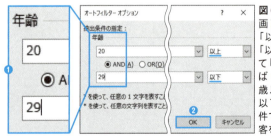

図6 開く設定画面で「20」「以上」、「29」「以下」と指定して「OK」を押せば（❶❷）、「20歳以上、29歳以下」という条件で20代の顧客を抽出できる

(120) 第4章 データの整理

データがリストアップされ、「OK」を押すとデータが抽出されます（**図7**）。

　なお、絞り込んだ状態を解除して、ほかのデータを再表示したいときは、"じょうご"の絵柄の付いた「▼」ボタンをクリックし、メニューから「…からフィルターをクリア」を選びます（**図8**）。

文字列の一部を検索して絞り込むことも可能

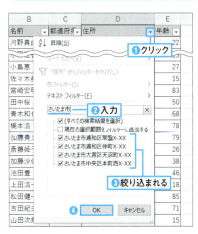

図7 セルに含まれる文字列の一部を検索し、その文字列を含むデータだけを抽出することも可能だ。「▼」ボタンのメニューの中ほどにある入力欄に文字列を入れると（❶❷）、その文字列を含むデータだけにリストが絞り込まれ（❸）、「OK」を押すと（❹）、それらのデータが抽出される。なお、「OK」を押す前に「現在の選択範囲をフィルターに追加する」にチェックを付けると、すでに抽出済みのデータを表示したまま、新たに条件に合うデータを追加する格好になる

抽出条件を解除してすべてのデータを再表示

図8 フィルター機能によって隠されてしまったほかのデータを再表示するには、条件を指定した列見出し（ここでは「年齢」）の「▼」ボタンをクリックし（❶）、「…からフィルターをクリア」を選ぶ（❷）

47

同姓同名を除外して名簿の「重複データ」を削除

名簿データに重複があると、DMを2通送ってしまったり、集計に不都合が生じたりします。そのような「重複データ」を自動で取り除く機能がExcelにはあります。ただし、注意点もあります。

	A	B	C	D
1	名前	都道府県	住所	年齢
2	松田健一	神奈川県	横浜市中区本牧町X-XX	85
3	吉田紀夫	東京都	町田市成瀬X-XX	71
4	山田次郎	千葉県	柏市柏X-XX	34
5	坂本大輔	神奈川県	小田原市栄町X-XX	28
6	中村葵	東京都	大田区大森北X-XX	77
7	工藤拓也	千葉県	浦安市舞浜X-XX	40
8	山田次郎	千葉県	柏市柏X-XX	34
9	加藤沙保里	東京都	大田区大森中X-XX	38
10	池田豊	東京都	北区赤羽X-XX	46
11	上田浩一	東京都	調布市調布ヶ丘X-XX	55
12	中村葵	埼玉県	川口市飯塚X-X-X	59
13	河野真由美	埼玉県	川越市旭町X-XX	22
14	篠田遥	東京都	昭島市朝日町X-XX	43
15	国頭翔	千葉県	浦安市舞浜X-XX	64

こちらは同姓同名

重複データを削除したい

図1 名簿に同じ人が二重に登録されていることがある。こうした「重複データ」を探し出して削除するのは面倒だが、Excelには自動で重複を判定し、一発で削除する「重複データの削除」機能がある

「データ」タブにある「重複データの削除」機能を使うと、名簿などの重複データを自動で削除できます。ただし名簿の場合、名前が同じでも、同姓同名の別人かもしれないので注意が必要です（**図1**）。

「重複データの削除」機能では、どの列が重複したときに「重複データ」と見なすかを指定できます（**図2**、**図3**）。「名前、都道府県、住所、年齢のすべてが一致するものだけを削除する」といった条件付けが可能なので、適切に設定して実行しましょう（**図4**）。

「重複データの削除」機能を使えば全自動

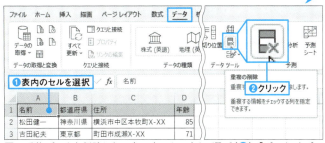

図2 重複データを削除したい表の中のセルを1つ選び（❶）、「データ」タブの「データツール」グループにある「重複の削除」ボタンをクリックする（❷）

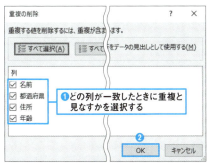

図3 重複をチェックする列を指定する画面が開く。「名前」だけでチェックすると、同姓同名の人を重複データとして削除してしまうので、「住所」など複数の項目をチェックしたほうが安全だ（❶）。ここではすべての列が一致したときだけ重複と見なすことにする。「OK」ボタンを押すと削除が実行される（❷）

図4 重複データが何個見つかったか表示されるので、確認して「OK」を押す（❶❷）。名簿を見ると、図1で8行目にあった「山田次郎」の重複データが削除されている（❸）。一方、「名前」だけ一致している「中村葵」のデータは削除されていない（❹）

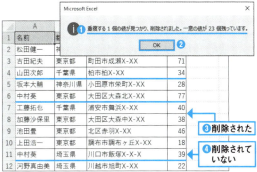

48 「重複データ」に色を付けて一覧表示する

> データの重複を解消したいが、確認もせずに自動で削除するのは心配だ――。そんなときは、重複が疑われるデータを一覧表示して、目視で確認するワザを使いましょう。実は意外と簡単です。

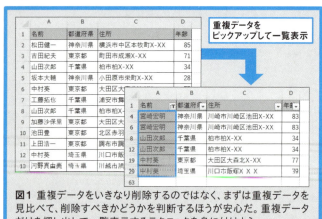

図1 重複データをいきなり削除するのではなく、まずは重複データを見比べて、削除すべきかどうかを判断するほうが安心だ。重複データだけを探し出して一覧表示するテクニックを身に付けよう

　前項で紹介した「重複の削除」機能は、重複データの判定も削除も全自動です。「削除する前に念のため重複データを確認したい」という場合は、重複データだけを抽出して一覧表示する方法があります（**図1**）。

　具体的にはまず、「名前」列だけを選択して「条件付き書式」のメニューで「セルの強調表示ルール」→「重複する値」とたどり、重複する名前に色を付けます（**図2**）。次に、「並べ替えとフィルター」のメニューから「フィルター」を実行（**図3**）。「名前」セルの「▼」ボタンから「色フィルター」を選びます（図

4)。「条件付き書式」で付けられた色を選ぶと、その色に塗られたデータだけを抽出できるので、さらに「昇順」などで並べ替えます。これで、図1右下のように、名前が重複したデータのみを一覧表示できます。

「条件付き書式」で重複データに色付け

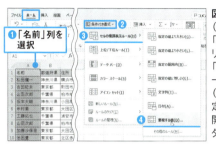

図2 まず「名前」列を選択し（❶）、「ホーム」タブにある「条件付き書式」ボタンをクリック（❷）。開くメニューで「セルの強調表示ルール」→「重複する値」とたどる（❸❹）。重複データに設定する書式の選択画面が開くので、そのまま「OK」ボタンを押す

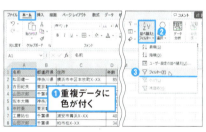

図3 重複する名前に色が付く（❶）。この色が付いた行だけを抽出するためにフィルター機能を使う。表内のセルを1つ選択した状態で「ホーム」タブにある「並べ替えとフィルター」ボタンから「フィルター」を選ぶ（❷❸）

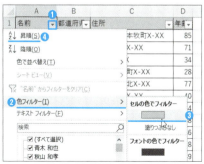

図4 「名前」列の見出しに付いた「▼」ボタンをクリック（❶）。開くメニューで「色フィルター」を選ぶと（❷）、サブメニューに「条件付き書式」によって付けられた色が表示されるので、これを選ぶ（❸）。すると色の付いたデータだけに絞り込めるので、再び「▼」ボタンを押して「昇順」を選ぶ（❹）

125

49 漢字に「ふりがな」を表示 間違った読みは正しく修正

Excelには、漢字の「ふりがな」を表示する機能もあります。人名などの読み方を示せるので便利です。ただし、誤った読みが記録される場合もあるので、仕組みを理解しておくことが大切です。

	A	B	C
1	会員番号	名前	
2	0001	ノムラ トシキ 野村 俊樹	
3	0002	ホリタ ツネヨシ 堀田 常義	
4	0003	オカダ シンイチ 岡田 慎一	
5	0004	タムラ ヒデオ 田村 秀夫	
6	0005	ホリエ ヒロシ 堀江 宏司	
7	0006	タカダ ケイゾウ 高田 慶造	

図1 名簿などを作るとき、名前に「ふりがな」を表示させるとわかりやすい。Excelは、セルに入力した漢字の読みを「ふりがな」として表示する機能があり、別途入力しなくても、自動表示できる

漢字が入力されているセルを選択して「ふりがなの表示/非表示」ボタンを押すと、セルの上端にふりがなを表示できます（**図1、図2**）。これは、Excelが漢字の読みをセルに記録しているためです。ただし、必ずしも正しい読みになっているとは限らない点に注意が必要です。このふりがなは、セルに漢字を入力した際の“かな漢字変換”の情報を基にしています。例えば「ほりた」という読みから「堀田」という漢字に変換した場合、「ほりた」という読みがふりがなとして記録されます。本当は「ほった」でも、入力時に「ほりた」から変換すれば「ほりた」と記録されてしまいます。

ふりがなが間違っていたり、記録されていなかったりした場合は、「ふりがなの表示/ 非表示」ボタンの右にある「∨」

をクリックして「ふりがなの編集」を選びます（**図3**）。するとふりがな部分にカーソルが移動し、修正できます（**図4**）。メールなどほかのアプリから「コピペ」した漢字にはふりがなが記録されないので追加が必要です。

ボタンをクリックするだけで「ふりがな」を表示

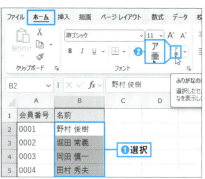

図2 ふりがなを表示させたいセルを選択して（**①**）、「ホーム」タブにある「フォント」グループの「ふりがなの表示/非表示」ボタンをクリックする（**②**）。すると図1のようにふりがなが表示される。標準ではカタカナで表示される。ボタンをもう1回クリックすると、非表示の状態に戻せる

間違った読み方を修正する

図3 Excelが表示するふりがなが間違っていることもある。修正するには、セルを選択して（**①**）、「ホーム」タブにある「ふりがなの表示/非表示」ボタンの右の「∨」をクリック（**②**）。開くメニューで「ふりがなの編集」を選ぶ（**③**）

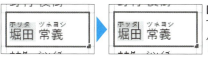

図4 ふりがな部分を編集できる状態になる。カーソルを移動して修正したら、「Enter」キーで確定する

50 漢字の「ふりがな」を「ひらがな」で表示する

> セルに表示できる漢字の「ふりがな」は、標準では「カタカナ」表記です。これは「ひらがな」に変更できます。文字の配置やフォントサイズなども変えられるので、見やすく調整しましょう。

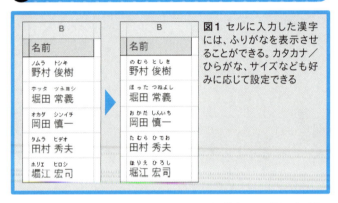

図1 セルに入力した漢字には、ふりがなを表示させることができる。カタカナ／ひらがな、サイズなども好みに応じて設定できる

　前項で紹介した通り、セルに入力した漢字には「ふりがな」を表示することができます。標準では「カタカナ」で表示されますが、設定を変えれば、「ひらがな」で表示させることも可能です（図1）。

　具体的には、漢字の入ったセルを選択して、「ふりがなの表示/非表示」ボタンの右の「∨」をクリックし、メニューから「ふりがなの設定」を選びます（図2）。すると設定画面が開くので、「種類」欄で「ひらがな」を選べばOKです（図3）。

　ふりがなを表示する位置も調整できます。「均等割り付け」を選ぶと漢字の長さに合わせて均等に配置できるのでバランスが良くなります。ふりがなのサイズが小さくて見づらいときは、同じ設定画面の「フォント」タブでサイズを大きくし

ましょう（**図4**）。

　なお、セルの文字色を赤色などに変更しても、ふりがなの色は標準の黒色のままです。漢字の文字色と揃えたい場合は、図4の設定画面で文字色を変更してください。

ふりがなを「ひらなが」で表示する

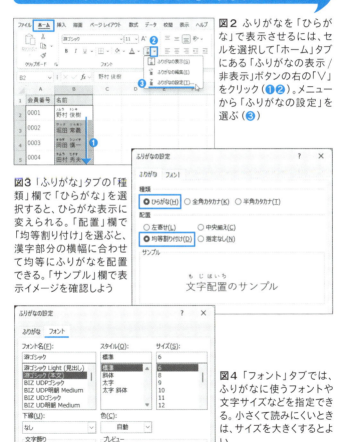

図2 ふりがなを「ひらがな」で表示させるには、セルを選択して「ホーム」タブにある「ふりがなの表示/非表示」ボタンの右の「∨」をクリック（❶❷）。メニューから「ふりがなの設定」を選ぶ（❸）

図3「ふりがな」タブの「種類」欄で「ひらがな」を選択すると、ひらがな表示に変えられる。「配置」欄で「均等割り付け」を選ぶと、漢字部分の横幅に合わせて均等にふりがなを配置できる。「サンプル」欄で表示イメージを確認しよう

図4「フォント」タブでは、ふりがなに使うフォントや文字サイズなどを指定できる。小さくて読みにくいときは、サイズを大きくするとよい

漢字の「ふりがな」を隣のセルに自動表示

「名前」列の隣に「フリガナ」列を設けることは多いでしょう。この「フリガナ」列に、「名前」列に入力した漢字のふりがなを自動表示させることも可能です。別途手入力する手間が省けます。

	A	B	C
1	会員番号	名前	フリガナ
2	0001	野村 俊樹	ノムラ トシキ
3	0002	堀田 常義	ホッタ ツネヨシ
4	0003	岡田 慎一	オカダ シンイチ
5	0004	田村 秀夫	タムラ ヒデオ
6	0005	堀江 宏司	ホリエ ヒロシ
7	0006	高田 慶造	タカダ ケイゾウ
8	0007	松尾 由美	マツオ ユミ
9	0008	岡田 憲明	オカダ ノリアキ

図1 B列に名前を漢字で入力すると、C列にそのふりがなが自動表示される―。そんな便利な仕組みも簡単に実現できる

ふりがなを自動表示

　セルに入力した漢字の「ふりがな」を表示する方法を前項までで解説しましたが、このふりがなは、別のセルにも表示できます。「名前」列の隣に「フリガナ」列を追加した場合などに、ふりがなを自動表示できるので便利です（**図1**）。

　利用するのはPHONETIC（フォネティック）関数。指定したセルのふりがなを取り出します（**図2**）。「フリガナ」列にあらかじめ式を入れておけば、「名前」列に入力するだけで「フリガナ」列も埋まるので、手入力の必要がなくなります。

　注意したいのは、漢字のセルにふりがな情報がないと、PHONETIC関数もふりがなを表示できない点です（**図3**）。その場合は、漢字のセルを編集して、ふりがな情報を追加する必要があります。「ふりがなの編集」メニューを選ぶ方法も

ありますが、「Shift」+「Alt」+「↑」キーを押すテクニックでも、ふりがなを自動設定できます（**図4**）。

なお、前項の手順でふりがなの設定を「ひらがな」にすると、PHONETIC関数の結果もひらがなで表示されます。

ふりがな情報を取り出すPHONETIC関数

図2 PHONETIC関数を使うと、指定したセルのふりがな情報を取り出して表示できる。図の式でB2セルの名前のふりがなを表示できるので（❶）、この式を各行にコピーすれば、すべての名前のふりがなを自動表示できる（❷）

図3 PHONETIC関数の結果がふりがなにならない場合は、参照している漢字のセルに、ふりがなを表示させてみよう（126ページ参照）。ふりがな情報がないと、PHONETIC関数もふりがなを表示できない

ふりがな情報をワンタッチで追加

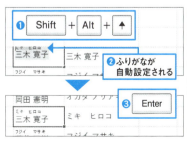

図4 ふりがな情報がないときは、127ページ図3、図4の手順で追加できるが、「Shift」キーと「Alt」キーを押しながら「↑」キーを押すだけでも、ふりがなが自動で設定される（❶❷）。読み方に間違いがなければ「Enter」キーを押して確定する（❸）。これでPHONETIC関数もふりがなを表示する

52 「ふりがな」のないセルにふりがな情報を一括設定

> セルにふりがな情報がないと、漢字を五十音順に並べ替えることができません。ふりがな情報は後から追加できますが、1つずつ手入力するのは大変です。一括設定するワザを紹介します。

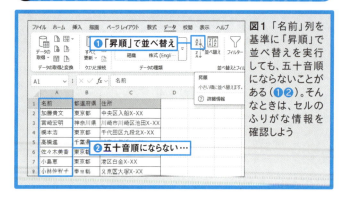

図1 「名前」列を基準に「昇順」で並べ替えを実行しても、五十音順にならないことがある（❶❷）。そんなときは、セルのふりがな情報を確認しよう

　Excelでは、名簿を五十音順に並べ替えることができます。ただし、それには条件があります。「名前」列に入力した漢字に、「ふりがな」情報が記録されていることです。ふりがな情報がないと、漢字の読みをExcelが判断できないため、五十音順にはなりません（図1、図2）。

　ふりがなのないセルが大量にあるとき、1つずつ編集して追加するのは大変です。そこでマクロを使うワザを紹介します。マクロの編集画面を起動して、「イミディエイト」というウインドウに「Selection.SetPhonetic」と半角で入力して「Enter」キーを押しましょう（図3、図4）。すると、選択中のセル範囲にふりがなを一括設定できます。ただし、Excelが勝手に推測したふりがななので、確認は必要です。

「ふりがな」がないと五十音順にならない

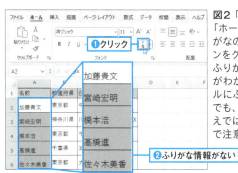

図2 「名前」列を選択して「ホーム」タブにある「ふりがなの表示/非表示」ボタンをクリックすると（❶）、ふりがな情報がないことがわかる（❷）。一部のセルにふりがながない場合でも、五十音順の並べ替えでは不都合が生じるので注意が必要だ

ふりがな情報をマクロで一括設定

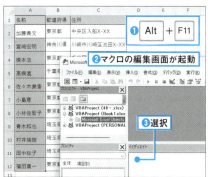

図3 ふりがなを一括設定するには、「名前」列を選択した状態で「Alt」キーを押しながら「F11」キーを押す（❶）。するとマクロの編集画面である「Visual Basic Editor」が起動するので（❷）、右下にある「イミディエイト」というウインドウをクリックして選択する（❸）

図4 「イミディエイト」ウインドウに図の命令を半角で入力して「Enter」キーを押す（❶❷）。すると選択したセルの漢字にふりがなが自動設定される（❸）。これで五十音順に並べ替えられる

53 全角文字を半角に変換 大文字／小文字も自由自在

> データ入力時に、半角文字と全角文字が混在してしまうことがあります。これを統一したいとき、1セルずつ手作業で修正するのは非効率です。文字種を変換する便利な関数を紹介します。

図1 名簿の「郵便番号」欄に全角文字と半角文字が混在している——。こんなとき、いちいち入力し直す必要はない。関数を使えば、データが何件分あっても、一瞬ですべてを統一できる

　名簿などで、数字やカタカナの表記が全角だったり半角だったりと揺れていることがあります（**図1**）。これを修正するのに、1つずつ入力し直すのはあまりに非効率です。

　こんなときに活躍するのが、文字列操作の関数。全角文字を半角文字にしたければ、ASC（アスキー）関数を使えば一発です（**図2**）。引数に対象の文字列を指定するだけで、すべて半角文字に統一できます。

　ほかにも、全角文字に変換するJIS（ジス）関数、英文字を大文字にするUPPER（アッパー）関数、小文字にするLOWER（ローワー）関数、先頭の文字だけ大文字にするPROPER（プロパー）関数が用意されています。これらを使えば、文字種が統一されていないデータの修正も楽勝です。

　注意したいのは、変換した後の処理です。文字種を変換で

きたからといって、元のデータを消してしまうと、変換結果も消えてしまいます（**図3**）。関数による変換結果はあくまで"数式の結果"なので、参照する元データがなければ結果も

文字種を変換する便利な関数を活用

ASC（アスキー）	半角文字に変換する
JIS（ジス）	全角文字に変換する
UPPER（アッパー）	大文字に変換する
LOWER（ローワー）	小文字に変換する
PROPER（プロパー）	先頭だけ大文字、残りは小文字にする

図2 全角文字を半角文字に変換するには、ASC関数を使う。C列に空白行を挿入し、最初の行に図の式を入力（❶）。これを各行にコピーすれば、すべての郵便番号を一気に半角文字に統一できる（❷）。反対に、全角文字に統一したければJIS関数を使えばよい

元データを削除するときは注意が必要

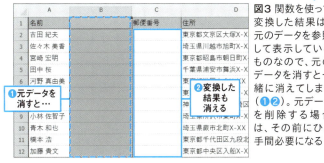

図3 関数を使って変換した結果は、元のデータを参照して表示しているものなので、元のデータを消すと一緒に消えてしまう（❶❷）。元データを削除する場合は、その前にひと手間必要になる

消えてしまうのです。

　そこで、元データを削除する場合は、関数が表示している結果を、"単なる文字列"に置き換える必要があります。具体的には、いったん結果を「コピー」して、「値」として貼り付け直します（**図4、図5**）。この「値」に置き換える方法は、文字種の変換に限らず、あらゆる数式や関数の結果について利用できるワザなので、覚えておくとよいでしょう。

関数の結果を「値」に置き換える

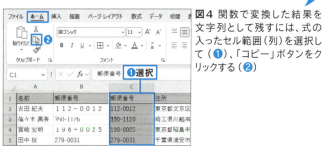

図4 関数で変換した結果を文字列として残すには、式の入ったセル範囲（列）を選択して（❶）、「コピー」ボタンをクリックする（❷）

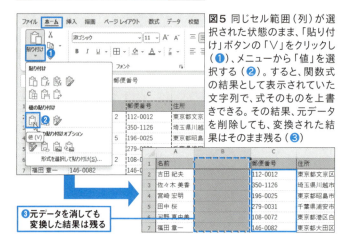

図5 同じセル範囲（列）が選択された状態のまま、「貼り付け」ボタンの「∨」をクリックし（❶）、メニューから「値」を選択する（❷）。すると、関数式の結果として表示されていた文字列で、式そのものを上書きできる。その結果、元データを削除しても、変換された結果はそのまま残る（❸）

❸元データを消しても変換した結果は残る

54

名前の姓と名を分割する
区切りがあれば全自動

> 「名前」列に入力された姓名を「姓」列と「名」列の2つに分割するといった操作も、1セルずつ手作業で行う必要はありません。姓と名の間に区切りさえあれば、全自動で分割できます。

	A	B	C	D	
1	名前	姓	名	郵便番号	住所
2	青木 和也			596-8510	岸和
3	橋本 浩			594-8501	和泉
4	加藤 貴文			583-8583	藤井
5	小山田 順			590-0592	泉南
6	加藤 沙保里			563-8666	池田
7	池田 豊			584-8511	富田
8	原 秀樹			567-8505	茨木
9	上田 浩一	姓と名に分割したい		598-8550	河内
10	佐藤 優平			580-8501	松原
11	坂本 大輔			574-8555	大東

図1 名簿に入力された「青木 和也」といった名前を、「青木」と「和也」のように姓と名に分割したい——。一見、とてつもなく面倒な作業に思えるが、「フラッシュフィル」のワザを使えば1分もかからずに終わらせられる

　名前を姓と名に分割するには、名前の文字列のどこまでが姓で、どこからが名かわからないといけません。例えば「宇津美恵子」という名前は「宇津美・恵子」と「宇津・美恵子」のどちらの場合もあり得ます。そのため、正確に分割するためには、姓と名の間に空白が設けられているなど、何らかのルールが必要です。

　このようなルールさえ徹底されていれば、分割の操作は自動化できます（図1）。お勧めは「フラッシュフィル」機能を使う方法。姓であれば、先頭のセルに「青木」などと分割結果の例を手入力し、「Ctrl」キーを押しながら「E」キーを押すだけで、すべてのデータを一括処理できます（次ページ図2）。先頭に手入力した「青木」というデータを基に、Excel

137

が「空白より手前の文字列を切り出すんだな」と推測し、2行目以降も同様に処理してくれる仕組みです。

　名についても、1行目のセルに「和也」などと入力して「Ctrl」＋「E」キーを押せばOK（**図3**）。Excelが「空白より後ろの文字列を切り出すんだな」と推測し、すべての行を一括処理してくれます。

　「Ctrl」＋「E」というキー操作を忘れてしまった場合は、メニューから実行することもできます（**図4**）。

　分割の区切りは、空白でなくても構いません。メールアド

先頭だけ入力し、あとは「Ctrl」＋「E」キーでOK

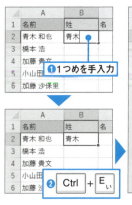

図2 まずは「姓」の列の1つめのセルに、姓を切り出した結果を手入力する（❶）。このセルを選択して「Ctrl」キーを押しながら「E」キーを押すと（❷）、すべてのデータから姓の部分だけが自動で切り出される（❸）

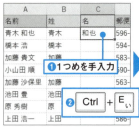

図3「名」の列も同様だ。「和也」と1つめのセルに手入力（❶）。「Ctrl」キーを押しながら「E」キーを押すことで（❷）、名の部分だけが一気に切り出される（❸）

138　第4章　データの整理

レスを「@」(アットマーク)の前と後ろに分割したり、電話番号を「-」(ハイフン)を区切りに3分割したりと、いろいろなケースに対応できます(**図5**、**図6**)。

フラッシュフィルはメニューからも実行できる

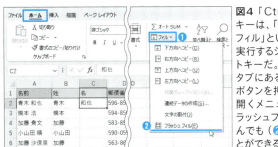

図4「Ctrl」+「E」キーは、「フラッシュフィル」という機能を実行するショートカットキーだ。「ホーム」タブにある「フィル」ボタンを押し(①)、開くメニューで「フラッシュフィル」を選んでも(②)、同じことができる

いろいろなデータを分割できる

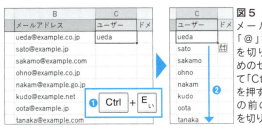

図5 この例では、メールアドレスの「@」記号の前だけを切り出した。1つめのセルに手入力して「Ctrl」+「E」キーを押すと(①)、「@」の前の文字列だけを切り出せる(②)

図6 同様に「@」記号の後ろの文字列を切り出す。1つめのセルに手入力して「Ctrl」+「E」キーを押すと(①)、すべてのデータを一括処理できる(②)

55 複数の列への分割は「区切り位置」機能が便利

> 1つの文字列を複数の列に分割したいとき、「区切り位置」機能を使う方法もあります。文字列の長さや、特定の「区切り文字」を指定して、その位置で分割することができます。

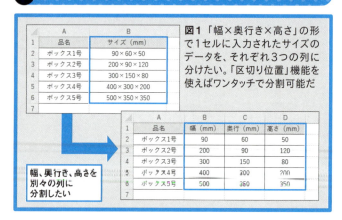

図1 「幅×奥行き×高さ」の形で1セルに入力されたサイズのデータを、それぞれ3つの列に分けたい。「区切り位置」機能を使えばワンタッチで分割可能だ

幅、奥行き、高さを別々の列に分割したい

　前項で紹介した「フラッシュフィル」を使って文字列を分割する場合、先頭のセルに結果の例を手入力する必要があります。そのため、分割結果が何列にも分かれるケースでは、1列ずつ処理するのに結構な手間がかかります。

　空白（スペース）やコンマなどの決まった文字で一様に分割すればよい場合は、「区切り位置」機能を使うのが近道です。「×」などの任意の文字を区切り文字に指定して分割もできます（**図1**）。手順は簡単。「データ」タブにある「区切り位置」ボタンをクリックしてウィザードを起動し、「コンマやタブなどの区切り文字によって…」を選択（**図2、図3**）。開く画面でその区切り文字を指定するだけです（**図4、図5**）。

「区切り文字」を指定して分割

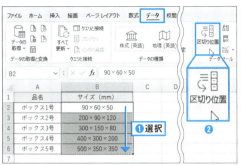

図2 「区切り位置」機能を利用するには、対象のセル範囲(列)を選択して(❶)、「データ」タブにある「区切り位置」ボタンを押す(❷)

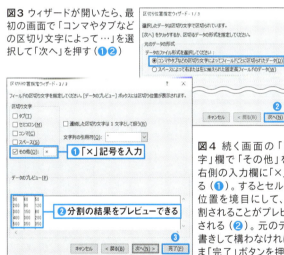

図3 ウィザードが開いたら、最初の画面で「コンマやタブなどの区切り文字によって…」を選択して「次へ」を押す(❶❷)

図4 続く画面の「区切り文字」欄で「その他」を選択し、右側の入力欄に「×」と入力する(❶)。するとセルの「×」の位置を境目にして、3列に分割されることがプレビューで示される(❷)。元のデータを上書きして構わなければ、そのまま「完了」ボタンを押す(❸)

図5 元のセルを含む3列分に、幅、奥行き、高さの3つが分かれた。区切り文字の「×」は削除される。あとは列見出しや表の書式を整えるだけだ

56 8桁の数字の日付を「日付データ」に変換

データを分割する際に使う「区切り位置」機能ですが、8桁の数字で表現された日付をExcelが扱える「日付データ」に変換する作業にも利用できます。裏ワザとして覚えておくと便利です。

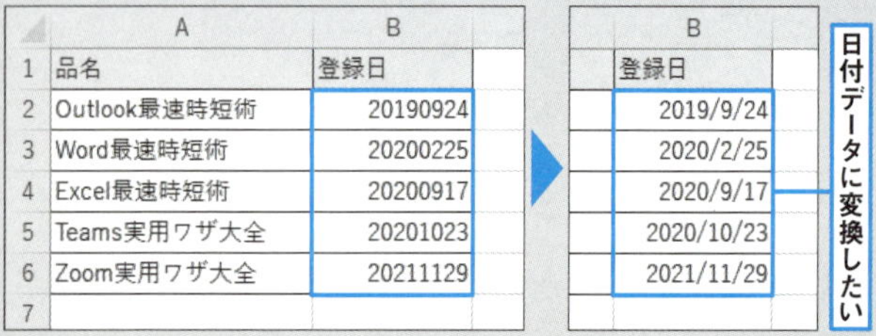

	A	B
1	品名	登録日
2	Outlook最速時短術	20190924
3	Word最速時短術	20200225
4	Excel最速時短術	20200917
5	Teams実用ワザ大全	20201023
6	Zoom実用ワザ大全	20211129
7		

B
登録日
2019/9/24
2020/2/25
2020/9/17
2020/10/23
2021/11/29

図1 2019年9月24日を「20190924」のように8桁の数字で表すことはよくある。そのような形式で入力されたデータを、Excelが日付として計算・表示できる「日付データ」に直したい

前項で紹介した「区切り位置」機能は、データ形式の変換にも使えます。分割後のデータ形式を指定する機能があるので、それを応用します。**図1**のような「日付データ」への変換を行うには、8桁の数値が入力されたセル範囲を選択し、「区切り位置」ウィザードを起動します。分割が目的ではないので、最初の画面と2番目の画面は何も指定せずに「次へ」を押します（**図2**）。ポイントは3番目の画面にある「列のデータ形式」欄（**図3**）。ここで「日付」を選んで「完了」を押せば、8桁の数値が日付データに変わります。

ちなみに、8桁の数字で表された日付を「年」「月」「日」の3列に分割するのも簡単です。図2で「スペースによって右または左に…」を選び、2番目の画面にあるプレビュー欄で、

分割する位置をクリックして指定するだけ（**図4**）。文字列や数値などを決まった文字数（長さ）で分割したい場合は、この方法が便利です。

「列のデータ形式」を指定してデータを変換

図2 図1左のB2〜B6セルを選択し、「データ」タブにある「区切り位置」ボタンをクリック。ウィザードが開いたら、最初の画面ではどちらを選択しても構わないので、そのまま「次へ」を押す

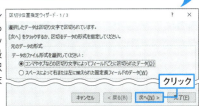

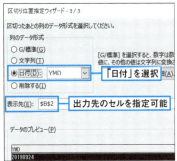

図3 今回は分割を行わないので、ウィザードの2番目の画面も何も設定せずに「次へ」を押して進む。すると3番目の画面に「列のデータ形式」欄が現れるので、「日付」を選ぶ。右側に「YMD」とあるのは、数値の先頭4桁を年（Y）、続く2桁を月（M）、最後の2桁を日（D）と見なすための指定だ。これで「完了」を押せば、8桁の数値を自動的に日付データに置き換えてくれる

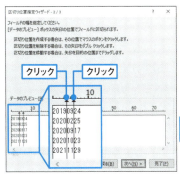

図4 図2で「スペースによって右または左に…」を選ぶと、プレビュー画面をクリックして、分割する位置を指定できる。桁数が揃っている数値や文字列なら、この方法で複数の列に分割可能だ

57 住所を「都道府県」と「市区町村以下」に分割

都道府県別の集計をするために、名簿の住所欄を都道府県と市区町村以下に分割したい――。そんな難題も、関数を組み合わせれば一気にこなすことができます。やり方を解説します。

	A	B	C	D	E
1	名前	住所	都道府県	市区町村以下	
2	村田隆太	愛知県豊橋市豊岡町X-X	愛知県	豊橋市豊岡町X-X	
3	野村太郎	鹿児島県国分市湊X-X	鹿児島県	国分市湊X-X	
4	小川幸夫	北海道函館市五稜郭町XX	北海道	函館市五稜郭町XX	
5	渡辺弘文	和歌山県和歌山市今福X-X	和歌山県	和歌山市今福X-X	
6	近藤哲也	東京都板橋区本町X-X	東京都	板橋区本町X-X	
7	金子美香	青森県青森市安田稲森X-X	青森県	青森市安田稲森X-X	
8	小野久美	大阪府堺市御陵通X-X	大阪府	堺市御陵通X-X	

住所を都道府県と
市区町村以下に分割する

図1 名簿の住所から、都道府県と市区町村以下をそれぞれ切り出して分割したい。ちょっとした工夫と文字列操作関数を使えば、自動で分割が可能だ

　都道府県名を区切る文字は「都」「道」「府」「県」の4種類あるうえ、その文字数も一定ではありません。そのため、「フラッシュフィル」や「区切り位置」で分割するのは困難です。

　しかし、関数を駆使すれば、アイデア次第で対応は可能です（図1）。都道府県名は大半が3文字で、神奈川県、和歌山県、鹿児島県の3つのみが4文字（図2）。これらがすべて県である点に注目すれば、「住所の4文字目が『県』なら4文字分、それ以外は3文字分を切り出す」という処理で、都道府県名のみを取り出せます（図3）。市区町村以下は、先に取り出した都道府県名を空白（「""」で指定）に置き換える操作、つまり元の住所から都道府県名を削除する要領で取り出します。

144　第4章　データの整理

いずれもやや複雑な式ですが、"公式"としてそのまま利用すると便利です。

「県」が4文字目にあれば、4文字の県名だと判断

4文字の都道府県名	3文字の都道府県名	
神奈川県	北海道	埼玉県
和歌山県	宮城県	東京都
鹿児島県	広島県	大阪府
	沖縄県	⋮

4文字目が「県」

図2 47の都道府県名を調べると、「神奈川県」「和歌山県」「鹿児島県」の3つだけが4文字で、ほかはすべて3文字。そして4文字の3つは、すべて「県」である点に注目しよう

図3 4文字目が「県」かどうかを判定するために、MID関数で「4文字目から1文字分」を切り出す。これが「県」ならLEFT関数で4文字分、それ以外ならLEFT関数で3文字分を切り出すように、IF関数で場合分けする。またD列では、元の住所の都道府県名をSUBSTITUTE関数で「空白」に置き換えることで、市区町村以下だけを取り出す

イフ
IF【条件に応じて処理を切り替える】
=IF(論理式, 値が真の場合, 値が偽の場合)

ミッド
MID【指定した位置から〇文字を切り出す】
=MID(文字列, 開始位置, 文字数)

レフト
LEFT【左から〇文字を切り出す】
=LEFT(文字列, 文字数)

=IF(MID(B2,4,1)="県", LEFT(B2,4) , LEFT(B2,3))
　　　4文字目が「県」　　4文字切り出す　　3文字切り出す
　　　　　　　　　　　　YES　　　　　　　NO

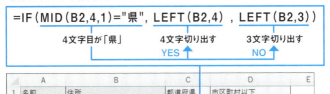

=SUBSTITUTE(B2 , C2 , "")
　　　　　　住所　都道府県名　空白

サブスティテュート
SUBSTITUTE【文字列の一部を置換する】
=SUBSTITUTE(文字列, 検索文字列, 置換文字列, 置換対象)

58 複数の文字列を連結
区切り文字の自動挿入も

複数の列に分割されているデータを、1つの列にまとめたい場面があります。こうした文字列の連結には、「&」演算子や関数を利用します。結合時にほかの文字を付け足すことも可能です。

	A	B	C	D	E
1	都道府県	区名	町名以下	住所	
2	東京都	港区	白金X-X-X	東京都港区白金X-X-X	
3	東京都	渋谷区	代々木X-XX	東京都渋谷区代々木X-XX	
4	東京都	世田谷区	中町X-X	東京都世田谷区中町X-X	
5	東京都	北区	赤羽X-XX	東京都北区赤羽X-XX	
6	東京都	足立区	足立X-XX	東京都足立区足立X-XX	
7	東京都	千代田区	平河町X-XX	東京都千代田区平河町X-XX	

3列の内容を1列に連結する

図1「都道府県」「区名」「町名以下」などと列を分けて入力された住所を、連結して1列にまとめたい。こうした連結の操作には、数式もしくは関数を使う

異なる列に入力された都道府県名や市区町村名などを連結してひと続きの住所にするなど、セルの文字列を連結したい場面がよくあります（**図1**）。こんなときは「&」（アンパサンド）演算子を使ってセルを連結する数式を立てるのが基本です。A2〜C2の3つのセルを連結したければ、「＝A2&B2&C2」と式を立てます（**図2**）。

ただし、この方法は連結するセルの数が増えると式を作るのが大変です。そこでExcel 2019以降では、CONCAT（コンカット）関数を使うのが効率的です。引数にセル範囲を指定するだけで、範囲内のデータを順番に連結できます。

さらに、Excel 2019以降で使えるTEXTJOIN（テキストジョイン）関数を使えば、「田中」「村井」「相澤」といった複

146　第4章　データの整理

数の文字列を連結しながら、その間に「、」を挟んで「田中、村井、相澤」のようなデータを作ることも可能です（図3）。

文字列の連結には「&」演算子、またはCONCAT関数

図2 「&」演算子を使ってセルをつなぐ数式を作れば、文字列を連結できる。そのほかExcel 2019以降では、CONCAT関数も利用できる

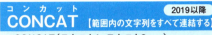

コンカット　　　　　　　　　　　　2019以降
CONCAT【範囲内の文字列をすべて連結する】
=CONCAT(テキスト1, テキスト2, …)

全バージョン　　　　2019以降
=A2&B2&C2　=CONCAT(A2:C2)

	A	B	C	D	E	F
1	都道府県	区名	町名以下	住所		
2	東京都	港区	白金X-X-X	東京都港区白金X-X-X		
3	東京都	渋谷区	代々木X-XX	東京都渋谷区代々木X-XX		
4	東京都	世田谷区	中町X-X	東京都世田谷区中町X-X		
5	東京都	北区	赤羽X-XX	東京都北区赤羽X-XX		

2019以降なら、TEXTJOIN関数も便利

テキストジョイン　　　　　　　　　　　2019以降
TEXTJOIN【区切り文字を挿入して範囲内の文字列を連結する】
=TEXTJOIN(区切り文字, 空のセルは無視, テキスト1, テキスト2, …)

=TEXTJOIN("、" , TRUE , B2:D2)
「、」で区切る　空白セルは無視する　結合したいセル範囲

	A	B	C	D	E	F	G
1	日程	担当				結合版	
2	1日目	田中	村井	相澤		田中、村井、相澤	
3	2日目	三沢	川村			三沢、川村	
4	3日目	畑中	高田	稲葉		畑中、高田、稲葉	
5	4日目	松本				松本	

図3 Excel 2019以降では、TEXTJOIN関数も利用できる。セルの文字列を連結するだけでなく、その間に任意の文字や記号を自動で挟み込める。さらに、空白セルを無視する設定にすれば、連結する文字列がない場合に余計な区切り文字が入らない

「セル内の改行」を削除 別の列に分割も可能

> セル内で改行されたデータは、活用時に不都合が生じることがあります。そこで、後から改行を削除したいと思ったときに役立つワザを紹介しましょう。すべての改行を一括削除できます。

図1 都道府県と市区町村以下が、セル内で改行された状態で1つのセルに入力されている。このような表は扱いに苦労するので、改行を削除しておきたい

セル内の改行をまとめて削除したい

　セルに文字列を入力している途中で「Alt」キーを押しながら「Enter」キーを押すと、セル内で改行できます。見た目を整えるのには便利ですが、データを活用する際に不都合が生じることがあり、なるべく避けたほうが無難です（**図1**）。

　セル内の改行が大量にあると、1つずつセルを編集状態にして「Delete」キーで削除するのは非常に面倒です。そこで、セル内の改行を一括削除するワザを使いましょう。

　具体的には「置換」機能を応用します（**図2**）。「検索する文字列」欄を選択したら、「Ctrl」キーを押しながら「J」キーを押します（**図3**）。これは、目には見えない"改行文字"を入力するためのキーです。画面には何も表示されませんが、こ

148　第4章　データの整理

れでシート内にある「セル内の改行」を検索できるようになります。「置換後の文字列」欄には何も入力せずに「すべて置換」を実行すれば、セル内の改行をすべて削除できます。空白（スペース）などに置き換えることも可能です。

　同様に、「区切り位置」機能を使えば、セル内の改行を境目にして、2列に分割することも可能です。ウィザードの1つめの画面で「コンマやタブなどの…」を選択し、次の画面の「区切り文字」欄で「その他」を選択。その入力欄で「Ctrl」キーを押しながら「J」キーを押せば、セル内の改行を区切り文字にして分割できます（次ページ図4、図5）。

セル内の改行は「Ctrl」＋「J」キーで指定できる

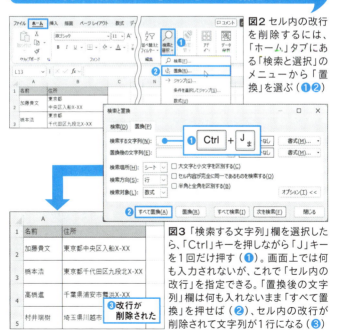

図2 セル内の改行を削除するには、「ホーム」タブにある「検索と選択」のメニューから「置換」を選ぶ（❶❷）

図3「検索する文字列」欄を選択したら、「Ctrl」キーを押しながら「J」キーを1回だけ押す（❶）。画面上では何も入力されないが、これで「セル内の改行」を指定できる。「置換後の文字列」欄は何も入れないまま「すべて置換」を押せば（❷）、セル内の改行が削除されて文字列が1行になる（❸）

「区切り位置」機能を使って2列に分割

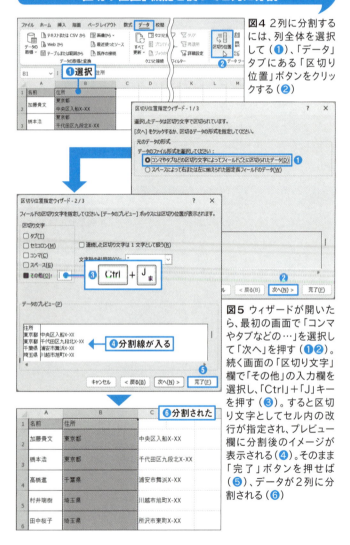

図4 2列に分割するには、列全体を選択して(❶)、「データ」タブにある「区切り位置」ボタンをクリックする(❷)

図5 ウィザードが開いたら、最初の画面で「コンマやタブなどの…」を選択して「次へ」を押す(❶❷)。続く画面の「区切り文字」欄で「その他」の入力欄を選択し、「Ctrl」+「J」キーを押す(❸)。すると区切り文字としてセル内の改行が指定され、プレビュー欄に分割後のイメージが表示される(❹)。そのまま「完了」ボタンを押せば(❺)、データが2列に分割される(❻)

60 IF関数で条件分岐し、数値の大きさを判定する

> データの整理や分析に欠かせないのが、データを判定したり評価したりする作業です。値を1つひとつ確認するのは大変ですが、関数を使えば、さまざまな判定・評価を一気にこなせます。

	A	B	C	D	E
1	名前	1回目	2回目	合計	合否
2	田中	32	36	68	不合格
3	広瀬	40	37	77	合格
4	櫻井	28	34	62	不合格
5	松岡	42	45	87	合格
6	橋本	35	40	75	合格
7	西野	41	45	86	合格

70点以上は合格

図1「合計」列で計算した合計得点が70点以上なら「合格」、そうでなければ「不合格」と表示させたい。そのような条件判定に使うのがIF関数だ

　テストの成績表で、「70点以上なら合格」といった合否判定を行うケースは少なくないでしょう。**図1**は、D列の合計点が「70点以上」なら「合格」、それ以外（70点未満）なら「不合格」とE列に表示しています。このような判定を行う際に活躍するのがIF（イフ）関数です。

　IF関数は、引数「論理式」に条件を表す式を指定して、それが成り立つ場合と成り立たない場合の処理を、引数「値が真の場合」と「値が偽の場合」にそれぞれ指定します。図1の判定を実現するIF関数の式は、次ページ**図2**の通りです。

　「D2＞＝70」という論理式で、「D2セルが70以上」という条件を指定しています。「以上」を表す記号は数学では「≧」ですが、Excelでは「＞」と「＝」を続けて「＞＝」と入力するので注意してください（**図3**）。

この論理式が成り立つ場合に「合格」と表示させるには、2番目の引数「値が真の場合」に「"合格"」と指定します。そして3番目の引数「値が偽の場合」に「"不合格"」と指定すれば、70点未満の場合に「不合格」と表示できます。

　一方、合計点に応じて「80点以上」なら「A」、「70点以上」なら「B」、それ以外（70点未満）なら「C」という3段階で評価したいケースもあります。そのような場合は、IF関数の引

IF関数で判定し、「合格」「不合格」と表示

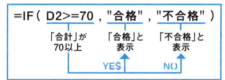

図2 IF関数は、引数「論理式」に指定した条件が成り立つ場合は「値が真の場合」に指定した内容、成り立たない場合は「値が偽の場合」に指定した内容を表示する。「論理式」には、等号や不等号を用いて左右の値を比較する式を指定する。結果として文字列を表示させたいときは、その文字列を「"」（半角ダブルクォーテーション）で囲んで「値が真の場合」や「値が偽の場合」に指定する

記号	意味
=	左側と右側が等しい
>	左側が右側より大きい
>=	左側が右側以上

記号	意味
<>	左側と右側が等しくない
<	左側が右側より小さい
<=	左側が右側以下

図3 IF関数の引数「論理式」には、これらの等号、不等号を用いて左右の値を比較する式を指定する

数に、もう1つ別のIF関数を組み込んで"入れ子"にすれば実現が可能です（**図4**）。

まず、1つめの条件として「80点以上」を指定し、これが成り立てば「A」と表示させます。これが成り立たない場合の「値が偽の場合」として、もう1つIF関数の式を組み込み、2つめの条件である「70点以上」を判定します。それが成り立てば「B」、成り立たなければ「C」と表示させるわけです。このテクニックはIF関数の「ネスト」ともいいます。

実は、最新のExcelには、複数の条件分岐を実現するIFS（イフエス）という関数もあり、IF関数をネストすることなく、一発で3つ以上の分岐をさせることが可能です。しかし、IF関数を組み合わせるやり方を知っていれば、さまざまなケースに対応できるので覚えておきましょう。

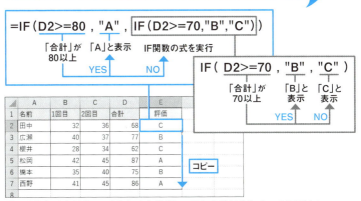

図4 80点以上は「A」、70点以上は「B」、それ未満は「C」という評価をしたいときは、IF関数の引数「値が偽の場合」に、別のIF関数の式を組み込めばよい。まず1つめのIF関数で「80以上」という条件を判定し、成り立てば「A」と表示。成り立たないときは2つめのIF関数の処理に移り、今度は「70以上」という条件を判定して「B」または「C」と表示する

61

順位付けも関数で一発
昇順／降順も指定できる

試験の得点を基に順位を付けたり、売上台数を基に売上ランキングを作ったりすることがあります。このような順位付けも、Excelでは関数を使って簡単にできます。

	A	B	C	D
1	商品別売上台数			
2	商品	売上台数	売上順位	
3	BP101	65	4	
4	BP15C	70	2	
5	HD500	62	6	
6	HD550	65	4	
7	NK300	73	1	
8	NK35K	59	8	
9	NK44D	70	2	
10	PC210	62	6	
11	PC21V	55	9	
12				

売上台数に応じた
売上順位を求める

図1 商品ごとの「売上台数」を記入した一覧表で、各商品の「売上順位」を求めたい。RANK.EQ関数を使えば一発で順位を表示できる

　図1のような順位付けはRANK.EQ（ランク・イコール）関数を使って簡単に実現できます[注]。調べたい数値を引数「数値」に指定し、「参照」に比較対象とする数値全体を指定するだけで、降順（大きい順）の順位がわかります（図2）。

　1つめの数値の順位がわかったら、引数「参照」の部分に「＄」記号を付け、参照範囲がずれないように固定して数式をコピーすれば、すべての数値の順位が求められます。同じ大きさの数値が存在した場合は、それらに同じ順位を付けたうえで、その数だけ数字を飛ばして次の順位を付けます。

　一方、数値が小さいほど上位になるように順位付けしたければ、3つめの引数「順序」を「1」と指定します（図3）。すると、昇順（小さい順）に並べたときの順位が求められます。

154　第4章　データの整理

数値の順位はRANK.EQ関数で求める

ランク・イコール
RANK.EQ 【順位を求める】
=RANK.EQ(数値, 参照, 順序)

=RANK.EQ(B3 , $B$3:$B$11)
　　　　　　数値　　　　　参照
　　　　　調べる数値　「売上台数」列全体

	A	B	C	D	E	F
1	商品別売上台数					
2	商品	売上台数	売上順位			
3	BP101	65	4			
4	BP15C	70	2			
5	HD500	62	6			
6	HD550	65	4			
7	NK300	73	1			
8	NK35K	59	8			
9	NK44D	70	2			
10	PC210	62	6			
11	PC21V	55	9			
12						

コピー

図2 RANK.EQ関数の引数「数値」には調べる数値、「参照」には比較対象とする数値全体を指定。「順序」を省略すると、降順の順位を調べられる。1行目に入力した図の式をコピーすれば、各行の数値の順位が求められる。引数「参照」はコピーしてもずれないように絶対参照で指定する

引数「順序」を「1」とすれば「昇順」で順位付け

=RANK.EQ(B3 , $B$3:$B$8 , 1)
　　　　　　数値　　　　　参照　　　　順序
　　　　　調べる数値　「タイム」列全体　昇順

	A	B	C	D	E	F
1	100m走タイム					
2	名前	タイム（秒）	順位			
3	相澤	12.69	3			
4	石井	13.34	5			
5	岡本	11.89	1			
6	佐藤	14.55	6			
7	高村	12.38	2			
8	内藤	12.81	4			
9						

コピー

図3 数値の小さいほうが上位になるような昇順の順位付けをするには、RANK.EQ関数の3つめの引数「順序」を「1」と指定する

［注］同じ働きをする「RANK」という関数もあるが、これはExcel 2007以前のバージョンとの互換性を維持するために残されている旧版の関数である

62 上位3位まで自動で色付け 行全体に色を塗るワザも

販売実績表などで売り上げ上位の商品に色を付けておくと、どの商品が売れているのかが一目瞭然です。「上位3位まで」などと条件を指定して、自動で色付けできるようにしてみましょう。

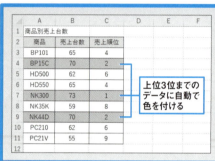

図1 商品ごとの「売上台数」を記入した一覧表で、売上台数の上位3位までを色付けして強調したい。「条件付き書式」と関数を組み合わせれば、このような色付けも自動で行える

　売上実績やテストの点数などをまとめた一覧表で、上位のデータにだけ色を付けて目立たせたいことがあります（図1）。指定した条件を満たす場合にだけセルに書式を自動設定する「条件付き書式」機能を使えば、自動で色付けができます。

　まずは「売上台数」のセルにだけ色を付ける方法から見てみます。対象とする「売上台数」列の範囲を選択して、「ホーム」タブにある「条件付き書式」ボタンをクリック。メニューから「上位/下位ルール」→「上位10項目」とたどります（図2）。開くダイアログで左の欄を「3」に変えれば「上位3位」までのセルに自動で色が付きます（図3）。

　次に、行単位で色を付ける方法です。この場合は、列見出しを除く表全体を選択して、「条件付き書式」のメニューから「新しいルール」を選びます（158ページ図4）。すると設定

画面が開くので、上の欄で「数式を使用して…」を選択。書式を適用する条件の入力欄が現れたら、「『売上台数』の数値が上位3位の数値以上である」という条件を表す数式を入力します。具体的には、まず入力内容が数式であることを示す「＝」を先頭に入力し、その後に「B3セルが、LARGE（ラージ）関数で求めた上位3位の数値以上である」という意味の論理式（左右の値を比較する数式）を入力します（**図5**）。数式は、選択範囲の中で白く表示されている「アクティブセル」を基準に考えます。ここでは売上台数の「B3」の部分を「$B3」という複合参照で指定し、どのセルからもB列の同じ行を参照できるようにします。一方、LARGE関数の引数「範囲」は、絶対参照にして行も列も固定してください。

数値のセルだけに色を塗るなら簡単

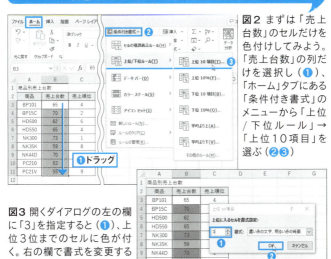

図2 まずは「売上台数」のセルだけを色付けしてみよう。「売上台数」の列だけを選択し（❶）、「ホーム」タブにある「条件付き書式」のメニューから「上位／下位ルール」→「上位10項目」を選ぶ（❷❸）

図3 開くダイアログの左の欄に「3」を指定すると（❶）、上位3位までのセルに色が付く。右の欄で書式を変更することも可能だ。「OK」ボタンで確定する（❷）

行単位での色付けは、数式で条件を指定

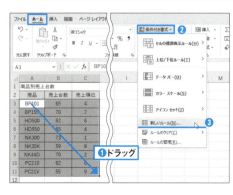

図4 図1のように、上位3位までの商品を行単位で色付けしたければ、列見出しを除く表全体を範囲選択し（❶）、「ホーム」タブにある「条件付き書式」ボタンから「新しいルール」を選ぶ（❷❸）

LARGE（ラージ）【大きいほうから〇番目の数値を求める】
=LARGE(範囲, 順位)

図5 上の欄で「数式を使用して…」を選択（❶）。現れる入力欄に「=」を入力した後、選択範囲の中で白く表示されている「アクティブセル」を基準に「B3セルが、LARGE関数で求めた上位3位の数値以上である」という意味の論理式を入力する（❷❸）。塗りつぶす書式を設定し「OK」を押す（❹❺）

第 5 章

グラフ

63 棒グラフを作成して具体的な数値も表示する

数値の羅列にすぎない表を視覚化して、データの意味を一目瞭然にするのがグラフです。グラフ内に具体的な数値も併記すると、見た目と数値の両方でデータを示せるので説得力が増します。

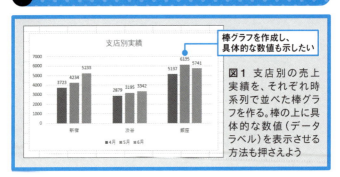

図1 支店別の売上実績を、それぞれ時系列で並べた棒グラフを作る。棒の上に具体的な数値（データラベル）を表示させる方法も押さえよう

基本的なグラフの作成手順と、グラフ内に具体的な数値を表示させる方法から見ていきましょう（**図1**）。まず、グラフ化したい表を範囲選択し、「挿入」タブの「グラフ」グループにあるボタンの中から、作りたいグラフの種類を選びます（**図2**）。すると即座に"標準的なグラフ"が出来上がります。

最初に確認すべきことは、グラフの横軸が適切なものになっているかどうかです。グラフを選択し、表示される「グラフのデザイン」タブにある「行/列の切り替え」ボタンを押すと、横軸の項目と凡例の項目が入れ替わります（**図3**）。

次に、棒の上に具体的な数値を表示させます。グラフの右上の「＋」ボタンをクリックすると、グラフ要素の一覧が表示されます。ここで「データラベル」にチェックを付けると、グラフ上に数値が表示されます（**図4**）。

自動作成されたグラフに「データラベル」を追加する

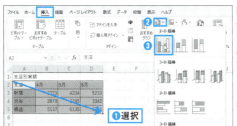

図2 グラフにしたい表を範囲選択し（❶）、「挿入」タブにある「縦棒/横棒グラフの挿入」ボタンをクリック（❷）。開くメニューから「集合縦棒」を選ぶ（❸）

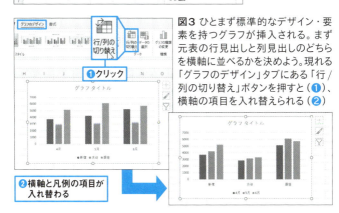

図3 ひとまず標準的なデザイン・要素を持つグラフが挿入される。まず元表の行見出しと列見出しのどちらを横軸に並べるかを決めよう。現れる「グラフのデザイン」タブにある「行/列の切り替え」ボタンを押すと（❶）、横軸の項目を入れ替えられる（❷）

図4 まずグラフのタイトルを入力（❶）。棒の上に数値を表示させるには、グラフ右上の「＋」ボタンを押す（❷）。すると「グラフ要素」の一覧が表示されるので、「データラベル」にチェックを付けると（❸）、棒の上に数値が表示される。さらに、右端の「▶」ボタンを押すと表示位置なども選択できる（❹）

注目してほしい部分は色を変えて強調する

> 毎年の売上高を示した棒グラフのうち、最高の売上高を示す棒は色を変えて強調し、かつ数値も表示したい——。プレゼン資料などに盛り込むグラフでは、そんな見せ方の工夫も必要です。

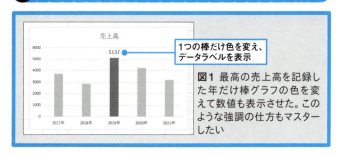

1つの棒だけ色を変え、データラベルを表示

図1 最高の売上高を記録した年だけ棒グラフの色を変えて数値も表示させた。このような強調の仕方もマスターしたい

図1のように1つの棒だけ見た目を変えるには、グラフ全体のうち、その棒だけを選択する必要があります。それには、棒を「ゆっくり2回クリック」します。棒を1回クリックすると、まず同じ系列のすべての棒が選択されるので、少し間を空けてもう1回クリックします。すると、その棒だけが選択されます（**図2**）。この状態で「書式」タブにある「図形の塗りつぶし」ボタンで色を選ぶと、選択した棒だけに色を付けられます（**図3**）。なお、2回のクリックの間隔が短すぎて「ダブルクリック」になると、棒グラフ全体に関する「データ系列の書式設定」画面を開く操作になるので注意しましょう。

さらに、1つの棒だけが選択された状態でグラフの右上の「＋」ボタンをクリックし、開く要素の一覧にある「データラベル」にチェックを付けると、選択中の棒にだけ具体的な数値を表示できます（**図4**）。

1つの棒だけを選択して書式設定

図2 棒を1回クリックすると、同じ系列のすべての棒が選択される（❶）。やや間を空けてもう1回クリックすると、その棒（要素）だけが選択された状態になる（❷）。棒の四隅に付く丸印で選択対象がわかる

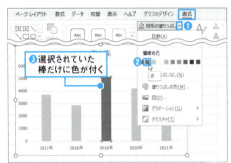

図3 1つの棒だけが選択された状態で、「書式」タブにある「図形の塗りつぶし」ボタンの「∨」をクリック（❶）。開くメニューで色を選択すると（❷）、その棒だけに色を付けることができる（❸）

図4 1つの棒だけが選択された状態で「＋」ボタンをクリックし（❶）、「データラベル」にチェックを付けると（❷）、その棒にだけ数値が表示される（❸）。なお、数値が小さいときは、数値をクリックして選択し（❹）、「ホーム」タブにある「フォントサイズの拡大」ボタンで文字を大きくしよう（❺）

163

65 数値軸の目盛りを調整 表示も「千単位」に

> Excelが自動作成するグラフは、目盛りが細かすぎて見づらかったり、原点が「0」ではないため誤解を与える恐れがあったりします。適切な表現をするための設定方法を押さえましょう。

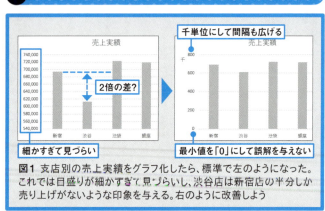

図1 支店別の売上実績をグラフ化したら、標準で左のようになった。これでは目盛りが細かすぎて見づらいし、渋谷店は新宿店の半分しか売り上げがないような印象を与える。右のように改善しよう

　Excelが作成するグラフの数値軸（縦軸）は、必ずしも「0」から始りません。すべてのデータが50万以上の場合、目盛りが50万から始まる場合もあります。そのようなグラフの場合、データの差は見やすくなりますが、差が誇張されて誤解を生む恐れもあります（図1）。

　数値軸の目盛りを調整するには、目盛りをダブルクリックして、「軸の書式設定」画面を開きます（図2）。「軸のオプション」にある「境界値」の「最小値」を「0」にすると、グラフの原点が「0」になり、数値の大きさを正しく比較できるようになります。さらに、目盛りの間隔は「単位」の「主」欄で指定できるので、すっきりと見やすくなるように調整しまし

ょう。桁数の大きな数値は「千単位」や「百万単位」などで表示させることもできます（図3、図4）。

数値軸の「最小値」や「単位」を変更する

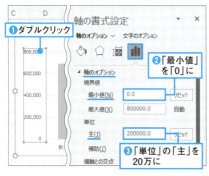

図2 数値軸をダブルクリックすると（❶）、右側に「軸の書式設定」画面が開く。「軸のオプション」の「境界値」が目盛りの大きさを指定する欄。「最小値」を「0」にすると、原点を「0」にできる（❷）。目盛りの間隔は、「単位」の「主」という欄で指定する。この例では元が2万刻みだったので、10倍の20万刻みにした（❸）

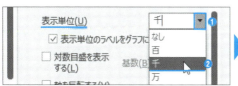
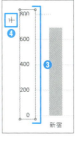

図3 同じ「軸のオプション」にある「表示単位」という設定欄で「千」を選ぶ（❶❷）。すると、目盛りの「200,000」という表示が「200」のように変わり、"千単位"の表示になる（❸）。左上には「千」という文字が追加される（❹）

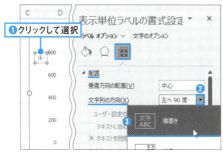

図4 横に倒れた「千」の文字を縦にするには、「千」の文字をクリックして選択する（❶）。右側に「表示単位ラベルの書式設定」画面が開くので、「サイズとプロパティ」の「配置」にある「文字列の方向」を「横書き」または「縦書き」に変更する（❷❸）。これで図1右のような表示になる

165

66 横棒グラフの順番を元の表と同じにする

> Excelで横棒グラフを作ったとき、誰もが首をかしげてしまう問題があります。横棒グラフと元の表の順番が「上下逆さま」になってしまうのです。もちろん、解決する方法はあります。

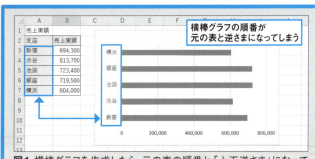

図1 横棒グラフを作成したら、元の表の順番と「上下逆さま」になってしまった。これでは紛らわしいし、決まった順番で見せなければならないデータの場合に困ってしまう

　Excelで横棒グラフを作ると、元の表と順番が「上下逆さま」になります（**図1**）。これは、グラフの項目を「原点から順番に並べる」という仕様になっているためです。縦棒グラフの場合、表の1行目が原点のすぐそば（左から1番目）、2行目がその次（左から2番目）のように続きます。横棒グラフも同じで、表の1行目が原点のすぐそば（下から1番目）、2行目がその次（下から2番目）と続くため、表と上下が逆になるのです。

　もちろん、順番を表と一致させる方法はあります。項目軸をダブルクリックして「軸の書式設定」画面を開き、「軸のオプション」にある「軸を反転する」にチェックを入れましょ

う（**図2**）。ただし、これだけだと横軸も一緒に反転し、グラフの上部に移動してしまいます。横軸を通常のグラフのように下部に配置したければ、同じ「軸のオプション」にある「横軸との交点」を「最大項目」に変更します（**図3、図4**）。

「軸を反転」し、「最大項目」で横軸と交差させる

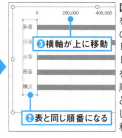

図2 縦軸の項目名部分をダブルクリックして「軸の書式設定」画面を開く。「軸のオプション」にある「軸を反転する」にチェックを入れると（❶）、項目の順番が逆になり、元の表と同じになる（❷）。ただし、横軸の目盛りが上に移動してしまう（❸）

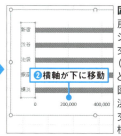

図3 横軸の目盛りを下に戻すには、同じ「軸のオプション」にある「横軸との交点」を「最大項目」にする（❶）。ここで「最大項目」とは、図1で最も上にあり、図2で下に移動した「横浜」のこと。これと横軸が交わる設定になるので、横軸が下に移動する（❷）

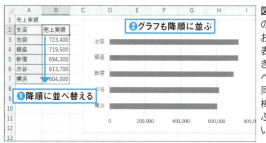

図4 図2、図3の設定をしておけば、元の表を降順（大きい順）に並べ替えたとき、同じ順番で横棒グラフが並ぶので見やすい（❶❷）

67 表にある日付だけをグラフ化するには？

項目名として日付が並ぶ表をグラフ化すると、横軸に日付がずらりと並んだグラフが出来上がってしまいます。余計な隙間を作らずに、表の日付だけをグラフ化する方法を解説します。

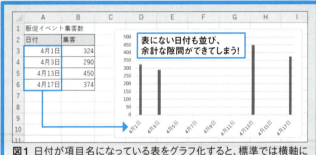

図1 日付が項目名になっている表をグラフ化すると、標準では横軸に日付がずらりと並び、棒が飛び飛びにプロットされてしまう。表にある日付だけを並べてグラフ化するには、どうすればよいだろうか

　項目名として日付データが入力されている表をグラフ化すると、横軸に日付が並ぶ「時系列グラフ」が自動作成されます。すると、表に存在しない日付も補間されるため、グラフの棒が飛び飛びになってしまいます（**図1**）。「これでは見にくいので、表にある日付だけのグラフにしたい」という場合は、横軸をダブルクリックして「軸の書式設定」画面を開き、「軸のオプション」にある「軸の種類」を「テキスト軸」に変更します。これで、日付を単なる文字列として並べたグラフに変わります（**図2**）。

　ちなみに、棒と棒の間に隙間があり、やや間延びした印象を受けるときは、棒を太くして間隔を狭くすると、棒の存在

感が増し、見栄えがアップします。それには、棒をダブルクリックして「データ系列の書式設定」画面を開き、「系列のオプション」にある「要素の間隔」を小さくします（**図3**）。

「軸の種類」を「テキスト軸」に変更

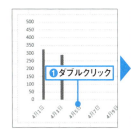

図2 日付の横軸をダブルクリックして「軸の書式設定」画面を開き（❶）、「軸のオプション」で、「軸の種類」を「日付軸」から「テキスト軸」に変更する（❷）。これで、日付ではなく単なる文字列として扱われるため、表にある日付だけが横軸に並べられる（❸）

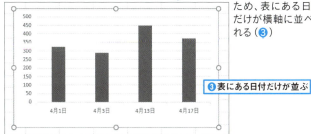

棒の横幅を太くするには「要素の間隔」を狭くする

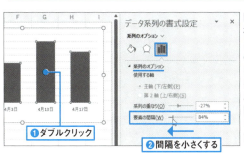

図3 いずれかの棒をダブルクリックして「データ系列の書式設定」画面を開き（❶）、「系列のオプション」にある「要素の間隔」を小さくすると（❷）、相対的に棒が太くなる

68 円グラフで比率を表現 パーセンテージも表示

> 数量の比率を示したいときは、円グラフを使うのが一般的です。扇形の面積の大きさで、数量の比率を視覚的に表現できます。さらに、比率をパーセンテージで具体的に示すと効果的です。

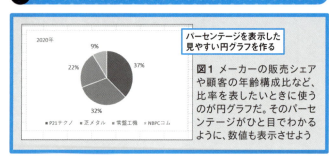

パーセンテージを表示した見やすい円グラフを作る

図1 メーカーの販売シェアや顧客の年齢構成比など、比率を表したいときに使うのが円グラフだ。そのパーセンテージがひと目でわかるように、数値も表示させよう

　メーカー別の販売シェアや商品別の売上構成比など、数値の比率を見たいケースはよくあります。そんなときは円グラフを作成するのが簡単です。シェアや構成比を一発で視覚化できますし、自分で計算しなくても、パーセンテージを自動表示させられます（**図1**）。

　円グラフにパーセンテージを表示させるには、右上に表示される「＋」ボタンを押して、「データラベル」の項目の右端に表示される「▶」をクリックして「その他のオプション」を選びます（**図2**）。「データラベルの書式設定」画面が開いたら、「ラベルオプション」にある「ラベルの内容」欄で「パーセンテージ」にチェックを入れましょう（**図3**）。「ラベルの位置」欄で「外部」を選ぶと、ラベルが円の外側に出て、はっきりと読み取れるようになります。文字が小さいときは、「ホーム」タブにある「フォントサイズの拡大」ボタンで調整します。

「データラベル」の設定で「パーセンテージ」を表示

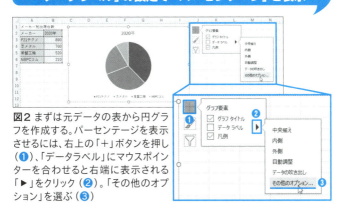

図2 まずは元データの表から円グラフを作成する。パーセンテージを表示させるには、右上の「+」ボタンを押し（❶）、「データラベル」にマウスポインターを合わせると右端に表示される「▶」をクリック（❷）。「その他のオプション」を選ぶ（❸）

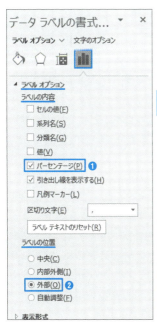

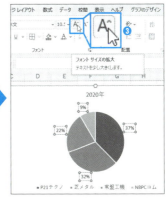

図3 画面右側に「データラベルの書式設定」画面が開くので、「ラベルオプション」の「ラベルの内容」欄で「パーセンテージ」にチェックを付ける（❶）。「ラベルの位置」を「外部」にすると、ラベルが円の外側に出て見やすくなる（❷）。ラベルが選択された状態で「ホーム」タブにある「フォントサイズの拡大」ボタンを押せば（❸）、文字を大きくできる

69 2つのグラフのサイズとデザインを統一

> プレゼン時に複数のグラフを使用する際は、グラフのデザインやサイズが統一されているほうが印象が良く、比較もしやすくなります。同じ見た目のグラフを複数作成するワザを紹介します。

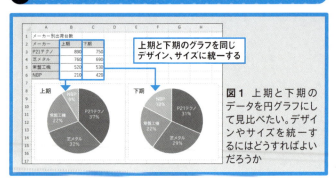

図1 上期と下期のデータを円グラフにして見比べたい。デザインやサイズを統一するにはどうすればよいだろうか

複数のグラフを並べて比較する際は、サイズやデザインを統一したいものです（**図1**）。しかし、グラフをそれぞれイチから作ろうとすると、サイズを合わせることすら面倒です。

そこで活用したいのが、「グラフをコピーしてデータだけ差し替える」というテクニックです。先に1つめのグラフを完成させたら、それを「Ctrl」キーを押しながらドラッグしてコピーします（**図2**）。するとまったく同じグラフが出来上がるので、グラフの元データを示す青い枠を表示させ、ドラッグ操作でもう1つのデータ範囲に合わせます（**図3**）。これで、グラフの内容が差し替わり、データ範囲の異なる2つのグラフになります（**図4**）。ただし円グラフの場合、データラベルの設定が変わってしまうので、前項の要領で「パーセンテージ」など必要なラベルを表示させましょう。

グラフをコピーして、データだけ差し替える

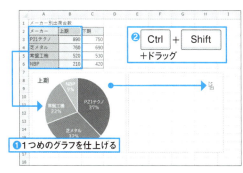

図2 まず1つめのグラフを完成させる（❶）。次に、そのグラフの余白部分（グラフエリア）を「Ctrl」キーを押しながらドラッグしてコピーする。その際、「Shift」キーも一緒に押すと、水平にコピーされてきれいに配置できる（❷）

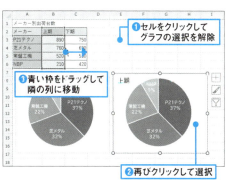

図3 同じ上期のグラフが出来上がるので、いずれかのセルをクリックしてグラフの選択をいったん解除した後（❶）、同じグラフを再びクリックして選択（❷）。すると、グラフの元データ（上期のデータ）が青枠で示されるので、枠をドラッグして下期のデータに合わせる（❸）

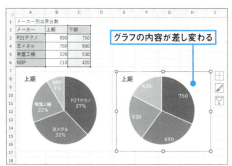

図4 2つめのグラフが下期のデータに差し替わる。ただし、データラベルは数値になり、グラフのタイトルもそのままだ。前項の要領で「ラベルオプション」を開き、「パーセンテージ」などを表示させよう。タイトルはクリックして「下期」に書き換える

70 年齢の分布を視覚化する「ヒストグラム」を作成

顧客の属性を分析するときなど、10代、20代、30代…のように年代別に区切った「ヒストグラム」を作成すると、顧客の年齢層が視覚的にわかります。その方法を解説します。

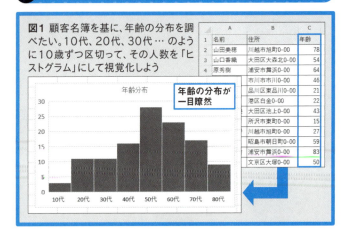

図1　顧客名簿を基に、年齢の分布を調べたい。10代、20代、30代…のように10歳ずつ区切って、その人数を「ヒストグラム」にして視覚化しよう

Excel 2019以降では、前もって年代別の人数を集計しなくても、ヒストグラムを自動作成できます（**図1**）。名簿で「年齢」列を選択し、「挿入」タブにある「統計グラフの挿入」ボタンから「ヒストグラム」を選ぶだけでOKです（**図2**）。

ただし、年齢の区切り方は必ずしも10歳ずつになりません。**図3**では、左端の項目が「[15, 28]」と表示されていますが、これは「15以上28以下」という意味です。つまり、最小値である「15」を起点として、13の幅を持つ区間になっています。以降の区間も13ずつの幅で区切られています。

各区間の幅を10歳ずつにするには、「軸の書式設定」画面

を開いて「ピンの幅」を「10」と指定します（**図4**）。すると、区間の幅が10になり、「[15, 25]」（15以上25以下）のように変わります。これを10代、20代…を意味する区間に変えるには、「ピンのアンダーフロー」をチェックして「19」と指

「ヒストグラム」を作成し、区間の設定を変更

図2 名簿の「年齢」列を選択し（❶）、「挿入」タブにある「グラフ」グループで「統計グラフの挿入」ボタンをクリック（❷）。「ヒストグラム」を選ぶ（❸）

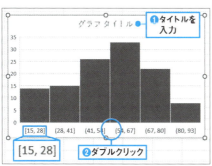

図3 ヒストグラムが自動作成されたら、グラフタイトルを「年齢分布」のように入力する（❶）。横軸の左端の「[15, 28]」は「15以上28以下」の区間を意味し、それぞれの区間が「13」ずつの間隔で区切られている。これを変更するには、横軸をダブルクリッする（❷）

図4「軸の書式設定」画面が開いたら、「軸のオプション」にある「ピン」という欄で「ピンの幅」を選び、右のボックスに「10」と入力する（❶）。すると、各区間の年齢が10歳ずつ区切られる（❷）

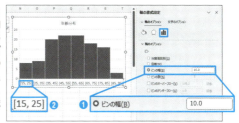

定します（**図5**）。すると、19歳以下が「≤19」（19以下）という区間にまとめられ、次の区間が「(19, 29]」（19より大きく29以下）と続く形になります。これで、「≤19」が「10代」、「(19, 29]」が「20代」の区間になります。横軸の区間名は変更できませんが、「テキストボックス」を挿入して「10代」「20代」などの文字を重ねるのも手です（**図6**）。

図5 さらに「ピンのアンダーフロー」にチェックを付け、右のボックスに「19」と入力する（❶）。これで、左端の棒が「19歳以下」（10代）となり、以降、「19より大きく29以下」（20代）、「29より大きく39以下」（30代）…と10歳ずつ区切ったヒストグラムになる（❷）

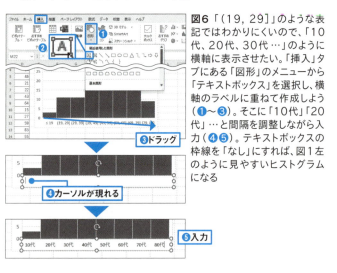

図6「(19, 29]」のような表記ではわかりにくいので、「10代、20代、30代…」のように横軸に表示させたい。「挿入」タブにある「図形」のメニューから「テキストボックス」を選択し、横軸のラベルに重ねて作成しよう（❶～❸）。そこに「10代」「20代」…と間隔を調整しながら入力（❹❺）。テキストボックスの枠線を「なし」にすれば、図1左のように見やすいヒストグラムになる

第 6 章

ファイル操作

71 Excel起動時の「スタート画面」を非表示に

> Excelを起動すると、テンプレートや最近使ったブックを表示する「スタート画面」が開きます。この画面が煩わしい場合は、すぐさま新規ブックを開く設定に変えることもできます。

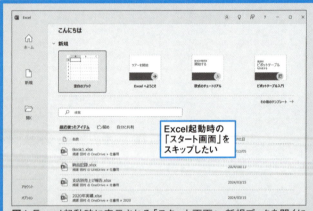

図1 Excel起動時に表示される「スタート画面」。新規ブックを開くには、ここで「空白のブック」を選ぶ必要がある。その操作が面倒なら、スタート画面を表示せずに新規ブックを開くような設定に変えよう

　Excel起動時に表示される「スタート画面」には、テンプレートや最近使ったブック（ファイル）の一覧などが表示されます（**図1**）。しかし、開きたいブックがあるときは、ブックの保存場所を開いて、ブックを直接ダブルクリックすることが多いのではないでしょうか。Excelを直接起動するのは、空白の新規ブックを開きたい場面が多いと思います。

　そのような使い方をしている人にとって、いちいち「スタート画面」で「空白のブック」を選ぶ操作は無駄なひと手間

です。そこで、「スタート画面」を表示せずに、新規ブックを直接開けるようにしましょう。それには、「Excelのオプション」画面で「…スタート画面を表示する」のチェックを外してオフにします（**図2、図3**）。

「スタート画面」を表示しない設定に変える

図2 設定を変えるには、「スタート画面」の左下にある「オプション」を選ぶ（①）。すると「Excelのオプション」画面が開くので、「全般」の下のほうにある「起動時の設定」欄で、「このアプリケーションの起動時にスタート画面を表示する」のチェックを外して（②）、「OK」を押す（③）

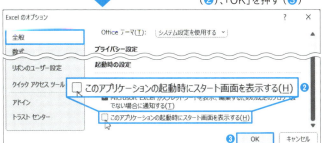

図3 スタートメニューからExcelを起動すると、空白の新規ブックが直接開くようになる

72 標準の保存先を「OneDrive」以外にする

> Microsoftアカウントでサインインして Excel を使っていると、ブックの標準の保存先が「OneDrive」上のフォルダーになります。これは、パソコン内のフォルダーに変えることもできます。

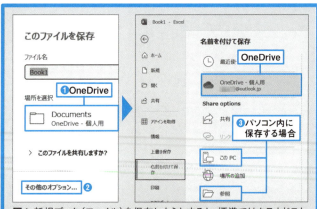

図1 新規ブック（ファイル）を保存しようとすると、標準ではクラウドストレージ「OneDrive」上の「Documents」フォルダーが選択される（❶）。OneDrive 以外のフォルダーに変更するには、「その他のオプション」を選んで「名前を付けて保存」画面を開き、「このPC」や「参照」を選ぶ必要がある（❷❸）。この手間を省きたい

　Excel では、新規ブック（ファイル）の標準（既定）の保存先が、「OneDrive」上のフォルダーに設定されています（**図1**）。クラウドにファイルを保存したくないときは、「その他のオプション」から「このPC」や「参照」と選択したうえで、フォルダーを選び直す必要があります。これは意外と面倒です。

　標準の保存先をパソコン内のフォルダーに変更するには、「Excelのオプション」画面を開きます。「既定でコンピュー

ターに保存する」にチェックを付けて、保存場所にしたいフォルダーの「パス」を指定しましょう（図2）。パスとは、フォルダーの場所を表す「¥」区切りの文字列のこと。エクスプローラーのアドレスバーで表示できるので、コピーして貼り付ければよいでしょう（図3）。

標準の保存先をパソコン内のフォルダーに変更

図2「ファイル」タブを選ぶと開くメニューから「オプション」を選ぶ（❶）。「オプション」が表示されていないときは、「その他」→「オプション」とたどる。「Excelのオプション」画面の「保存」の項目にある「既定でコンピューターに保存する」にチェックを付ける（❷❸）。さらに「既定のローカルファイルの保存場所」欄に、利用するフォルダーの「パス」を入力する（❹）

エクスプローラーで「パス」をコピー

図3 図2❹に指定するパスは、エクスプローラーで目当てのフォルダーを開き、アドレスバーの右側の余白部分をクリックすると表示される（❶）。これをコピーして（❷）、図2❹に貼り付ければよい

73 「名前を付けて保存」のダイアログを一発で開く

> 新規ブックを既定のフォルダー以外に保存するとき、標準では何ステップもたどる必要があり、意外と面倒です。「名前を付けて保存」ダイアログが一発で開くようにすれば効率が上がります。

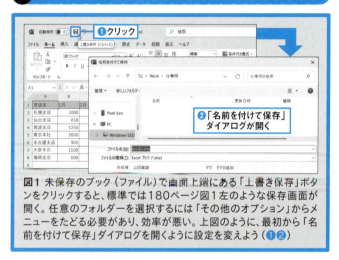

図1 未保存のブック（ファイル）で画面上端にある「上書き保存」ボタンをクリックすると、標準では180ページ図1左のような保存画面が開く。任意のフォルダーを選択するには「その他のオプション」からメニューをたどる必要があり、効率が悪い。上図のように、最初から「名前を付けて保存」ダイアログを開くように設定を変えよう（❶❷）

　Excelの標準設定では、ブック（ファイル）の保存先を選ぶ操作が意外と煩雑です。フォルダー選択用の「名前を付けて保存」ダイアログが開くまでに何ステップもかかります。

　そこで、「上書き保存」ボタンをクリックすると一発で「名前を付けて保存」ダイアログが開くように設定を変えると便利です（図1）。それには「Excelのオプション」画面を開き、「キーボードショートカットを使ってファイルを開いたり保存したりするときにBackstageを表示しない」にチェックを付けます（図2）。

なお、図2の設定を変えずに、「F12」キーを使う方法もあります（**図3**）。これは、「名前を付けて保存」ダイアログを開くためのショートカットキーです。

オプション設定を変えてダイアログを一発表示

図2「ファイル」タブをクリックして「オプション」を選択（❶）。「保存」の項目にある「…ファイルを開いたり保存したりするときにBackstageを表示しない」にチェックを付ける（❷❸）。すると、図1のように「名前を付けて保存」ダイアログが「既定のローカルファイルの保存場所」（❹）に指定したフォルダーで開くようになる

「F12」キーでも一発で表示できる

図3 図2の設定変更をしなくても、「F12」キーを押せば、最初から「名前を付けて保存」ダイアログが開く（❶❷）

74

変更前のブックを復元 うっかりミスをしても安心

> データを誤って消してしまったり、操作ミスで意図せぬ入力や編集をしてしまうことがあります。Microsoft 365版のExcelなら、「バージョン履歴」を使って以前の状態に戻せます。

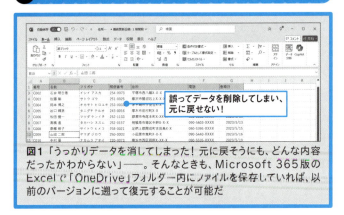

図1 「うっかりデータを消してしまった！元に戻そうにも、どんな内容だったかわからない」――。そんなときも、Microsoft 365版のExcelで「OneDrive」フォルダー内にファイルを保存していれば、以前のバージョンに遡って復元することが可能だ

　Microsoft 365版のExcelでは、画面左上にある「自動保存」のスイッチをオンにすることで、編集中も定期的にバックアップを保存できます。OneDrive上またはOneDriveと同期したフォルダー内のブック（ファイル）が対象です。

　うっかりデータを削除したり、別のデータで上書きしたりしてしまったとき、この自動保存機能は威力を発揮します（**図1**）。画面上端にあるファイル名の部分をクリックして「バージョン履歴」を選ぶと新しいウインドウが開き、画面右側に過去のバージョンが一覧表示されます（**図2、図3**）。クリックして表示・確認し、「復元」ボタンを押すと、そのバージョンを作業中のウインドウに復元できます。

「バージョン履歴」を使って以前の状態に戻す

図2 OneDriveと同期していて、画面左上の「自動保存」のスイッチがオンになっているブックであれば、「バージョン履歴」が使える。画面上端に表示されたファイル名の部分をクリックすると（❶）、ファイル名や保存場所を示す吹き出しがポップアップするので、「バージョン履歴」をクリックする（❷）

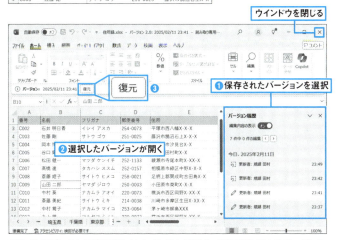

図3 元のブックとは別に新しいウインドウが開き、保存されているバージョンの一覧が画面右端に表示される（❶）。日時情報を基にバージョンをクリックして選択すると、その時点のブックの内容が左側に表示される（❷）。そのバージョンにブックを戻したければ、シート上部に表示される「復元」を押す（❸）。復元せずに終了する場合は、バージョン履歴用のウインドウを右上隅の「×」ボタンで閉じる

75

シートの切り替えを素早く 一覧から選択も可能

> Excelのブックには複数のシートを作成できますが、シート数が増えると、その切り替えにも手間がかかります。シート名が画面に収まらなくなっても、素早く選択できるワザを紹介します。

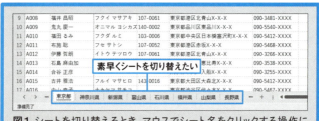

図1 シートを切り替えるとき、マウスでシート名をクリックする操作に手間取ることは少なくない。シートの数が増えて画面に収まらなくなると、「＜」ボタンや「＞」ボタンを何度もクリックして目当てのシートを探す必要がある。だが実は、もっと効率的な方法がある

　複数のシートを行ったり来たりする際、そのつどマウスでシート名をクリックしていませんか。画面の下端までマウスを移動する操作は意外と面倒なものです（**図1**）。

　そこで活躍するのがショートカットキー。「Ctrl」キーを押しながら「PageDown」キーを押せば右隣のシートに、「Ctrl」キーを押しながら「PageUp」キーを押せば左隣のシートに、表示を切り替えることができます（**図2**）。「PageDown」は「PgDn」、「PageUp」は「PgUp」と書かれているキーボードもあります。

　一方、シートが大量にある場合は、これらのショートカットキーを使っても、目当てのシートに行き着くまでに時間がかかります。そんなときに利用したいのが、シート名をスク

ロールする「＜」「＞」ボタンを右クリックするワザです。シート名を一覧表示する画面を開いて、表示したいシートを簡単、確実に選択することができます（**図3**）。

ショートカットキーで左右に切り替え

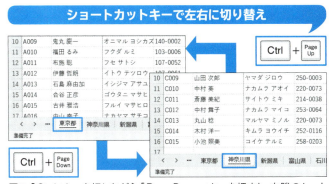

図2「Ctrl」キーを押しながら「PageDown」キーを押すと、右隣のシートに表示を切り替えられる。反対に、左隣のシートに切り替えるには、「Ctrl」を押しながら「PageUp」キーを押す

シートの一覧画面を開いて選択する

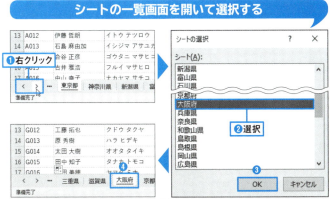

図3 目当てのシートを一発で表示するには、シート名の左側にある「＜」ボタンまたは「＞」ボタンを右クリックする（❶）。するとシート名の一覧画面が開くので、そこから選んで「OK」ボタンを押せば（❷❸）、即座にそのシートに切り替わる（❹）

76 同じブックの別シートを同時に並べて表示する

> 同じブックの中にある別々のシートの表を見比べたい場面があります。そんなとき、シートを行ったり来たりするのは非効率です。異なるシートを左右に並べて表示する方法があります。

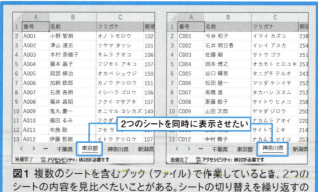

図1 複数のシートを含むブック(ファイル)で作業しているとき、2つのシートの内容を見比べたいことがある。シートの切り替えを繰り返すのは面倒なので、2つを同時に表示させるワザを使おう

　複数のシートに分けて表やデータを管理しているときに「別のシートにある表を同時に表示して見比べたい」という場面があります(**図1**)。こんなときは、「表示」タブの「新しいウィンドウを開く」ボタンを押して、Excelを"分身"させましょう(**図2**)。1つのブックを2つのウインドウに分けて、同時に表示させられます。それぞれのウインドウは別々に操作できるので、一方でシートを切り替えれば、異なるシートを並べて表示して見比べることができます。

　さらに、同じ「表示」タブにある「整列」ボタンを押せば、左右にきれいに並べて表示できます(**図3**)。

「新しいウィンドウ」を開いて並べて表示

図2「表示」タブにある「新しいウィンドウを開く」ボタンをクリックすると（❶）、もう1つExcelのウインドウが開いて同じファイルの内容が表示される（❷）。一方のウインドウに表示するシートを切り替えれば、異なるシートを同時に表示して参照できる（❸）

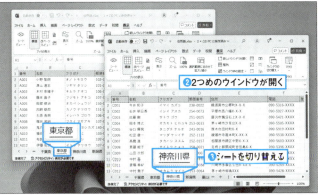

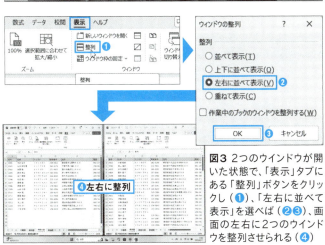

図3 2つのウインドウが開いた状態で、「表示」タブにある「整列」ボタンをクリックし（❶）、「左右に並べて表示」を選べば（❷❸）、画面の左右に2つのウインドウを整列させられる（❹）

77 複数のシートをまとめて印刷／PDF化する

> ブック内にある複数のシートをまとめて印刷したりPDF化したりすることもできます。ポイントは、必要なシートを同時に選択する方法。印刷時以外にも、移動やコピーの際などに役立ちます。

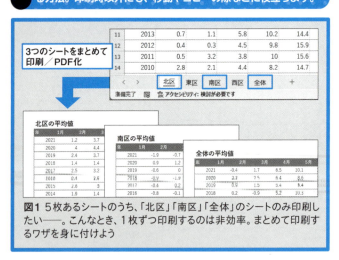

図1 5枚あるシートのうち、「北区」「南区」「全体」のシートのみ印刷したい——。こんなとき、1枚ずつ印刷するのは非効率。まとめて印刷するワザを身に付けよう

　ブック内にある複数のシートをまとめて印刷／PDF化したい場面はよくあります（**図1**）。「Ctrl」＋クリックのワザで対象シートを同時に選択した状態にすれば、まとめて印刷／PDF化が可能です（**図2、図3**）。これを「グループ化」といいます。シートを移動／コピーする際にも利用できるワザです。

　なお、グループ化した状態でセルの入力や削除を行うと、グループ化したすべてのシートにその操作が反映されるので注意してください。そのような誤操作を避けるために、印刷などを行った後は、グループ化を解除しましょう（**図4**）。

第6章　ファイル操作

「Ctrl」＋クリックで同時に選択

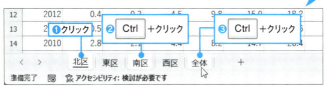

図2 まとめて印刷したい複数のシートを選択するには、1枚目のシートをクリックして選択した後（❶）、「Ctrl」キーを押しながら、対象のシートをクリックする（❷❸）。すると、同時に選択した状態になり、いずれのシート名も白く表示される。これをシートの「グループ化」という

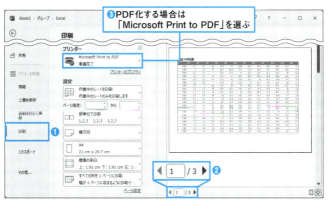

図3 図2の状態で印刷画面を開くと（❶）、グループ化されたシートすべてが印刷対象になる。プレビュー画面下端のボタンでページを進めて、目当てのシートが印刷されることを確認しよう（❷）。この状態でページ設定などを変更すれば、グループ化されたすべてのシートの設定が変更される。プリンターの欄で「Microsoft Print to PDF」を選べば、すべてのシートをまとめて1つのPDFにできる（❸）

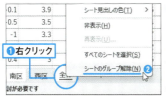

図4 グループ化されたシートは同時に操作されるので、そのままにしておくと誤操作のもとだ。印刷が終わったら、いずれかを右クリックして「シートのグループ解除」を選び、解除すること（❶❷）。グループ化されていない別のシートをクリックしても解除できる

78 異なるシートにある表を1枚に印刷／PDF化

> 異なるシートに作成した表をそれぞれ印刷するとき、小さな表であれば、1枚にまとめて印刷したいものです。列の幅が異なっていても、体裁を崩さずに1つにまとめる方法があります。

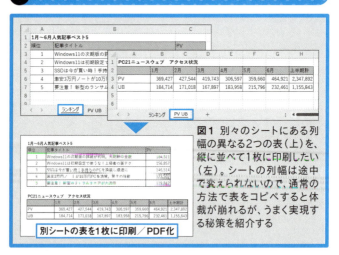

図1 別々のシートにある列幅の異なる2つの表（上）を、縦に並べて1枚に印刷したい（左）。シートの列幅は途中で変えられないので、通常の方法で表をコピペすると体裁が崩れるが、うまく実現する秘策を紹介する

　別々のシートに作成した2つの表を、用紙1枚にまとめて印刷したいことがあります（**図1**）。ところが、一方の表をコピーして他方の表の下に貼り付けると、表の見た目が大きく崩れることが多いです。Excelのシートは途中で列幅を変えられないので、2つの表の列幅が異なると、そのまま縦に並べられません。

　しかし、方法はあります。一方の表をコピーして、「リンクされた図」として貼り付けるのです。これは、コピーしたセル範囲を見た目通りの「図」（画像）に変換して貼り付ける

第6章　ファイル操作

機能。貼り付けた表は図の扱いになり、セルの上に重ねて配置されます。これなら、列幅とは関係なく自由にレイアウトできます。

ただし、注意点があります。表をコピーする前に、セルを区切っている灰色の枠線を消しておきましょう。さもないと、図に変換したときに、この枠線まで図に含められ、印刷されてしまうからです。「表示」タブにある「目盛線」のチェックを外せば枠線が消えるので、その状態で表をコピーしてください（図2、図3）。

別シートの表を、セルの枠線を消してコピー

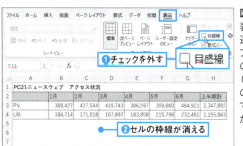

図2 まず、2つめの表があるシートを選択し、「表示」タブにある「目盛線」のチェックを外す（❶）。すると、セルのマス目を区切っている灰色の枠線が消える（❷）

図3 表を範囲選択して（❶）、「ホーム」タブにある「コピー」ボタンを押す（❷）。表にタイトルがあるときは、タイトルを含めてコピーするとよい

一方の表をコピーしたら、もう一方の表の下を選択して、「貼り付け」ボタンの下半分をクリックします（**図4**）。開くメニューから「リンクされた図」を選ぶと、コピーした表が図として貼り付けられます。図は配置もサイズも自由に変更できるので、これで2つの表を縦に並べられます。あとは通常の手順で印刷すればOK。PDFとして保存すれば、1ページに2つの表が並んだPDFになります。この図は元の表と「リンク」しているので、元表の内容を変更すると、それが図に自動で反映される点も便利です。

「リンクされた図」として貼り付ける

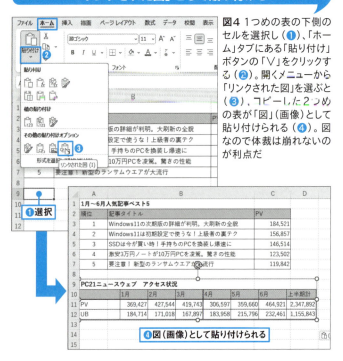

図4 1つめの表の下側のセルを選択し（❶）、「ホーム」タブにある「貼り付け」ボタンの「∨」をクリックする（❷）。開くメニューから「リンクされた図」を選ぶと（❸）、コピーした2つめの表が「図」（画像）として貼り付けられる（❹）。図なので体裁は崩れないのが利点だ

索引

記号・アルファベット・数字

&	146
「Alt」+「↓」	14
「Alt」+「Enter」	148
「Alt」+「F11」	133
「Ctrl」+「：」	22
「Ctrl」+「；」	22
「Ctrl」+「A」	40
「Ctrl」+「D」	14
「Ctrl」+「E」	137
「Ctrl」+「Enter」	12, 66
「Ctrl」+「J」	148
「Ctrl」+「PageDown」	186
「Ctrl」+「PageUp」	186
「Ctrl」+「Shift」+矢印	48
「Ctrl」+クリック	54, 56, 61, 190
「Ctrl」+ドラッグ	16, 18, 40, 54, 172
「Ctrl」+矢印	46
「Enter」	10, 12
「F4」	70
「F12」	183
OneDrive	180, 184
PDF化	190, 192
「Shift」+「Alt」+「↑」	131
「Shift」+ドラッグ	42
「Tab」	10
1行置きに空白行を挿入	60

あ

値のみを貼り付ける	50, 136
新しいウィンドウを開く	188
一括入力	12, 64
移動	10, 40, 42, 46
印刷	190, 192
円グラフ	170
オートフィル	16, 18, 20
大文字	134

か

改行の削除	148
掛け算九九表	72
今日の日付	22, 108
行や列の順番を入れ替える	42
行/列の入れ替え	44
切り上げ	104
切り捨て	104
空白セル	64
空欄に自動で色付け	62
空欄を自動で選択	64
区切り位置	140, 142, 149
区切り文字	140, 146
グラフに数値を表示	160, 162
グラフのデザインを統一	172
グラフの目盛りを調整	164
繰り返し入力	14
グループ化	92, 190
クロス集計	84
元号	24, 29
現在時刻	22
検索条件の指定方法	100
合計	76, 80, 93, 101
項目別の集計	82, 101
五十音順に並べ替える	132
個数の集計	88, 93, 96, 98
コピー	16, 40, 44, 50, 52, 68, 80, 172, 192
小文字	134

さ

最小値	78, 80, 93

195

最大値 78, 80, 93
左右に並べて表示 188
シートの切り替え 186
軸を反転する 166
時刻 22, 34
四捨五入 104
ジャンプ 65
集計方法 93
順位 154
上位のデータに色付け 156
条件付き書式 62, 124, 156
条件に合うデータの合計 101
条件に合うデータの個数 98
条件に合うデータの平均 103
条件分岐 151
書式記号 27, 31
書式だけをコピー 52
数式の基本 68
数値の個数 97
数値の表示形式 31
スタート画面 178
ステータスバー 80
図として貼り付ける 192
スマートタグ 17, 18
姓と名を分割 137
整列 188
絶対参照 70
セル内の改行 148
セルを確定する 12
全角文字 134
先頭の文字だけ大文字 134
相対参照 68, 70

た

タイトルを除いて列幅を自動調整
58

単位を自動表示 30
置換 145, 148
重複データの色付け 124
重複データの削除 122
データの個数 96
データの絞り込み 117
データの入力規則 36
データの分割 137, 140
データの変換 142
データラベル 160, 162, 170
テキストボックス 176
都道府県の分割 144

な

名前を付けて保存 182
並べ替え 112, 115, 132
任意の単位で切り上げる 106
任意の単位で切り下げる 106
人数の集計 88, 90, 98
ネスト 153
年代別の人数 90
年齢の分布 174
年齢を計算 108

は

バージョン履歴 184
パーセンテージ 170
倍数に切り上げる 106
倍数に切り下げる 106
パス 181
端数処理 104, 106
離れたセルを同時に選択 54
貼り付け 44, 50, 192
半角文字 134
判定 151
引数 76

ヒストグラム	174
日付	22, 24, 27, 34, 108, 142, 168
日付データのグラフ	168
ピボットテーブル	82, 84, 88, 90, 93
表示形式	24, 27, 30, 34
標準の保存先	180
表の行全体や列全体を選択	48
表の端まで移動	46
ひらがな	128
比率	170
フィルター	117
複合参照	72
複数シートを印刷／PDF化	190
フラッシュフィル	137
ふりがな	126, 128, 130, 132
分割	137, 140
平均	78, 80, 93, 103
別シートのセルを参照	74
別シートの表を1枚に印刷／PDF化	192
棒グラフ	160, 162, 166

ま・や

マクロ	132
未入力のセルを探す	46
ユーザー定義の表示形式	27, 30
曜日	27
横棒グラフ	166

ら・わ

リストから選択	14, 36
リンクされた図	192
列単位で並べ替え	115
列の幅の自動調整	58
列の幅を均等に調整	56

連続データの入力	16, 18, 20
ワイルドカード	98
和暦	24, 29

関数

ASC関数	134
AVERAGE関数	78
AVERAGEIF関数	103
CEILING.MATH関数	106
CONCAT関数	146
COUNT関数	96
COUNTA関数	96
COUNTIF関数	98
DATEDIF関数	108
FLOOR.MATH関数	106
IF関数	145, 151
JIS関数	134
LARGE関数	157
LEFT関数	145
LOWER関数	134
MAX関数	78
MID関数	145
MIN関数	78
PHONETIC関数	130
PROPER関数	134
RANK.EQ関数	154
ROUND関数	104
ROUNDDOWN関数	104
ROUNDUP関数	104
SUBSTITUTE関数	145
SUM関数	76
SUMIF関数	101
TEXTJOIN関数	146
TODAY関数	108
UPPER関数	134

実用ショートカットキー一覧

- Excelの操作を速くするために有効なショートカットキーとその働きをまとめました。
- 「Ctrl」＋「C」は、「Ctrl」キーを押しながら「C」キーを押す操作を表します。
- 標準的なキーボードでのキー操作に適用されます。ノートパソコンなどのキーボードでは割り当てやキーの表示が異なる場合があります。

コピー・貼り付け
- Ctrl + C : セルをコピーする
- Ctrl + X : セルを切り取る
- Ctrl + V : コピーしたセルや切り取ったセルを貼り付ける
- Ctrl + Shift + V : 値のみを貼り付ける（Excel 2024以降）

セルの入力
- Alt + ↓ : 同じ列に入力済みのデータをリスト表示
- Ctrl + D : 下方向にセルをコピーする
- Ctrl + R : 右方向にセルをコピーする
- Ctrl + ＋ ; : 今日の日付を入力する
- Ctrl + ＊ : : 現在の時刻を入力する
- Shift + Alt + ↑ : 漢字にふりがなを付ける

取り消し・再実行
- Ctrl + Z : 直前の操作を取り消す
- Ctrl + Y : 操作の取り消しをキャンセル／操作を繰り返す

印刷
- Ctrl + P : 「印刷」画面を表示する

開く・保存
- Ctrl + N : 新規ブックを開く
- Shift + F11 : 新規シートを挿入する
- Ctrl + S : ファイルを上書き保存する
- Ctrl + O : 「開く」画面を表示する
- Ctrl + W : ファイルを閉じる
- F12 : 「名前を付けて保存」ダイアログを開く

数式の入力

F4 相対参照／絶対参照／複合参照を切り替える

F2 セルを編集状態にする

セルの表示

Alt + Enter セル内で改行する

Ctrl + Shift + ~ ^へ
標準の表示形式に戻す

Ctrl + !1ぬ
「セルの書式設定」画面を表示（テンキーの「1」は不可）

選択セルの移動

Tab 1つ右のセルへ移動

Enter 1つ下のセルへ移動

Tab → Enter
右方向へ移動し、右端から次行の先頭へ

Ctrl + Enter
セルを移動せずに入力を確定する

Ctrl + Home A1セルへ移動

Ctrl + End 表の右下隅へ移動

Ctrl + ↑ ↓
表内で、選択セルと同じ列の上端／下端へ移動

Ctrl + ← →
表内で、選択セルと同じ行の左端／右端へ移動

セル範囲の選択

Shift + ↑ ↓ ← →
選択範囲を広げる・狭める

Ctrl + Shift + ↑ ↓
表内で、選択セルから上端／下端まで選択

Ctrl + Shift + ← →
表内で、選択セルから左端／右端まで選択

Ctrl + Aち 表全体を選択する

シート・ブックの切り替え

Ctrl + Page UP 左のシートへ移動する

Ctrl + Page Down 右のシートへ移動する

Ctrl + Tab 次のブックへ移動する

Ctrl + Shift + Tab
前のブックへ移動する

日経PC21

1996年3月創刊の月刊パソコン雑誌。ビジネスにパソコンを活用するための実用情報を、わかりやすい言葉と豊富な図解・イラストで紹介。Excel、Word、PowerPointといったアプリケーションソフトをはじめ、Windows、各種クラウドサービス、周辺機器、スマートフォンの活用法まで、最新の情報を丁寧に解説している。

日経文庫

ビジュアル
仕事が10倍速くなるエクセルワザ事典

2025年3月14日　1版1刷
2025年6月11日　1版3刷

編　者	日経PC21
発行者	中川 ヒロミ
発　行	株式会社日経BP 日本経済新聞出版
発　売	株式会社日経BPマーケティング 〒105-8308　東京都港区虎ノ門4-3-12
装丁・本文デザイン	尾形 忍（Sparrow Design）
DTP	会津 圭一郎（ティー・ハウス）
印刷・製本	三松堂

ISBN 978-4-296-20734-3
© Nikkei Business Publications, Inc. 2025

本書の無断複写・複製（コピー等）は著作権法上の例外を除き、禁じられています。購入者以外の第三者による電子データ化及び電子書籍化は、私的使用を含め一切認められておりません。本書籍に関するお問い合わせ、乱丁・落丁などのご連絡は下記にて承ります。
https://nkbp.jp/booksQA

Printed in Japan